U0931868

系統神學叢書

聖潔神學

約翰・韋伯斯特 著

陳永財 譯

基道出版社

▼

系統神學叢書

聖潔神學

Holiness

作者

約翰・韋伯斯特 John Webster

翻譯

陳永財

審閱

蔡錦圖

執行編輯

何敏璇

內文設計

莫可雅

封面設計

胡立強

■

出版/發行

基道出版社

香港沙田火炭坳背灣街26號富騰工業中心1011室

LOGOS PUBLISHERS LTD.

Unit 1011, Fo Tan Ind. Centre, 26 Au Pui Wan St., Shatin, Hong Kong

電話：(852) 2687-0331　傳真：(852) 2687-0281

網址：http://www.logos.com.hk

承印

海洋印務有限公司

●

7/2006初版

Cat. No. LP 229

ISBN-10: 962-457-311-5

ISBN-13: 978-962-457-311-4

Original Edition "Holiness"

Published by SCM Press

Printed in Hong Kong

刷次	10	9	8	7	6	5	4	3	2	1
年份	2015	2014	2013	2012	2011	2010	2009	2008	2007	2006

目錄

中文版序

這本小書是在耶穌基督福音的亮光中，探討基督徒如何思想聖潔。在本書中，我嘗試建議，神的聖潔有兩重特性。首先，聖潔是純潔（purity）和完美（perfection），那是神在祂自己裏面身為聖父、聖子和聖靈；其次，聖潔是在神分別受造物出來與祂團契而被知曉。說神是聖潔的，就是描繪出基督徒以「聖哉，聖哉，聖哉」敬拜的那一位的內在生命，並且指向神愛的工作，祂是「在我們中間的聖者」。此外，以神學來思考聖潔，本身就是聖潔的活動，涉及把思想、意志和愛慕分別出來，藉以注目於和歡慶神及神的工作。

我十分高興本書可以有新的一羣讀者，並且多謝參與翻譯工作的人。倘若本書能夠建立教會，我會深感欣慰。「敬畏耶和華是智慧的開端。」（箴九10上）

約翰．韋伯斯特（John Webster）

英文版序

我在嘗試為稱聖經為「神聖」究竟是甚麼意思，建構一個令人滿意的解釋時，開始思考聖潔這個神學觀念。在二○○二年二月應邀到德克薩斯州沃思堡（Fort Worth）西南浸信會神學院（Southwestern Baptist Theological Seminary）主持戴‧希金博特姆（Day-Higginbotham）講座時，我有機會更廣泛研究這個課題。這本小書是將那些演講的內容稍為擴充而寫成。我很感謝西南浸信會神學院的院長和教員的邀請和熱誠接待，也十分感謝出席那個講座，和我進行討論的牧者、學生和神學教師。我也要向塔沙亞（Victor Thasiah）致謝，他很快便將這本書的材料整理好。

約翰‧韋伯斯特

二○○二年六月，牛津

引言

本書是有關聖潔的基督教神學論文集。它主要不是關於修道或牧養神學，雖然它也談及關於聖潔的神學論述對實踐基督徒生命的意義。本書從一個特別的立足點書寫，嘗試闡明一些對基督教信仰的本質的信念，並就基督教神學的性質、背景和任務提出一些意見。這裏提出的實際上是一個關於教義神學（dogmatic theology）的小小練習，**一個關於聖潔的三一教義學**（trinitarian dogmatics）。在我們開始面前這個任務時，這個名稱的兩個部分 「教義學」（dogmatics）和「三一論」（Trinitarian）—— 都需要進一步研究。

首先，以下的討論是基督教的**教義**神學。神學是耶穌基督的教會的任務，在教會的領域內，也就是在人類團契的範圍內，正當地被承擔。而人類團契是由神拯救的活動和同在產生和維持。神學是那拯救的同在的結果之一；是經轉化的理性活動之一，這種轉化由人類生命和歷史的更新促成，而這更新是聖潔的神在祂的作為中實現，並在祂的話語中顯明的。更新這神聖的作為，在耶穌基督從死裏復活，超越萬有，在藉著聖靈的能力賜下新生命中達到高峯。藉著聖靈，耶穌基督這位超越者產生一種新的人類共同生活——教會生活。參與這種人類的共同生活，在神的話語下團契，聆聽那福音，在水禮和主餐的象徵下一起生活，就是在一個領域中存在，在其中神無限的能力發出，伸展到人類生命的整體：道德、政治、文化、情感和理智。理性好像其他一切一樣，在教會領域內被重塑；而神學理性是重生的頭腦一種朝向耶穌基督的福音的活動，而這福音構成教會的來源和使命。

神學是教會的任務。教會和神學由福音模塑成為聖潔時，神學的工作便是神學家蒙呼召和委派，並得到裝備從事的工作，藉以接受一個特別的任務。如果「自由」的意思是獨立於任何既定的對象或探索領域，神學便不是自由的思想或言語。神學不是自由的言語，而是聖潔的言語。它專屬於它的對象，也受它的對象約束。那對象就是福音。它也專屬於聖徒團契——也就是教會，並受它約束。在其中福音作為神聖判斷和安慰得到聆聽。只有在教會的指導、權威和保護下，神學才是自由的。當然，我們應該從屬靈，而不單是自然的角度理解「教會」，應該視之為共同的人類生命在其中被聖靈潔淨，成為聖徒相交的領域。神學在教會的指導下，因為它只有藉著沉浸在聖徒相通（*sanctorum communio*）的種種智性和靈性實踐中，從而得到指示，才能夠完成本身的任務。神學在教會的權威之下，因為它是「實證性」（positive）的科學，經縝密推斷的探索，獲賜予確定的內容，在耶穌基督的教會中得到理解。耶穌基督在教會中讓自己為人所認識。基督在教會中捨己的同在是神學的法則，引導神學推論的現實。因此，神學在教會的權威之下，因為教會在福音真理那全然合法和賜予活力的權威之下。神學在教會的保護之下，因為保障神學的真理性（truthfulness）的，不是運用批判性的懷疑，而是倚靠敬畏教會的主。

這樣描述的神學有甚麼任務？如果神學不是以隨意、自信或對對象的懷疑來從事，便能夠負起教化教會的任務。

神學並非以獨立的能力，而是藉著為說出自己的話語、並且復活的基督作見證而做到這點。透過聖靈，基督宣告自己賜生命的同在，供應教會，令教會在祂裏面成長。神學的特定任務是隨著基督的自我證明（self-attestation），證明福音的真理。神學藉著見證福音作為應許和宣稱，教化教會。在教會的神學工作中，福音被闡述為教會的讚美、認信和行動的規範；而且是教會理解自然和人類歷史的基礎。神學尋求在「聖徒相通」中闡述福音時，集中在兩個基本的任務上，就是釋經和教義學。釋經是至為重要的，因為基督主要是透過聖經宣講福音。釋經是嘗試聆聽聖靈對教會説甚麼話；沒有釋經，神學甚至不能夠開始執行它的任務。教義學有補充作用，但卻是嚴格從屬於釋經任務。教義學不是對聖經的改進，以更有系統、更複雜或基礎更穩固的觀念形式，取代聖經那些不正式和應時的語言。教義學實際上只是尋求對聖經的福音的主要內容，產生一套靈活的論述；它的目的是為教會的閱讀提供活力、引導和糾正。教義學嘗試一種「閱讀」福音的方式，是能夠幫助教會的閱讀的。當然，發展這種對福音的「閱讀」，包括發展（或附加）一些觀念性詞彙以及論證形式，而它們的範圍和複雜程度可能顯得離聖經那些更即時、急迫的習語很遙遠。不過，雖然技術性的複雜的確可能伴隨著危險，但只有在得到容許脱離神學教化聖徒這個正確目的時，它才是錯誤的。如果一直保持著這個目的，並讓它支配神學的工作，教義學便可以成為聖潔理性一種謙卑的工作，清楚地表達福音，作為基督的學校服事教會。

這裏對聖潔的論述，是以教會為背景理解基督教神學的任務的一個實際例子。這樣理解神學，在當代的聲譽不大好，被普遍視為天真、堅持己見、獨斷，而且最主要是封閉。相對起來，很多當代的系統或教義神學都傾向以對話或比較研究為取向。「對話式」(conversational；上一代的人可能稱之為「關連式」〔correlational〕) 神學藉著廣泛引用文化、哲學和宗教來源，透過將在基督教和其他學科對話時出現的連繫和詰問而闡述，建立對基督教信仰的論述。「比較式」(comparativist) 神學嘗試在世界的各種宗教中找出共同的主題，將它們解釋為終極價值的單一來源的不同彰顯。兩者都相信，只有透過對認信性和實證性的拒絕，基督教神學才能夠有機會對公眾領域作出貢獻。

對比起來，這裏嘗試論述的神學，對這種交流的前景沒有那麼樂觀。它更自然地視自己的宿主文化為巴比倫，而不是雅典。它十分清楚思想的生命中的邪惡有多大威脅。這種神學首先是集中，然後才是廣博。也就是說，它的工作集中在我們稱為教會傳統這個複雜但統一的實存 (reality) 中閱讀，並和與之掙扎、範圍頗為有限的文本 (聖經正典) 上。不過，雖然它是在這個方式上集中，但卻不是穩定或確定的。它堅持回到它單一的主題，就是嘗試面對福音的實存，以之為使命的不確定、挫敗和更新的永恆來源。這種神學的集中，不是一個已經成全、分離的觀念世界向內的能量，而是一種可以稱為終末式的思考方式——也就是，總是顯露自它本身被聖潔的神的同在消解和修復。

其次，聖潔的三一教義學包括甚麼？用最簡單的方式來說，聖潔的三一式論述有兩個相關的宣稱。第一個和真正的神的教義有關，也就是神身為聖父、聖子和聖靈是聖潔的。第二，三一神是**在我們當中**的聖者；祂的聖潔是和祂所潔淨，並呼召他們要聖潔的受造物交往的一種方式。因此，聖潔的教義學論述不單論述內蘊的神聖特質；也不是闡述人類成聖的靈性或道德。它關注的是神聖三而一（holy three-in-one）崇高地實現它自己的自由，揀選、復和及完善受造物，令他們聖潔地順從時所採取的途徑。因此，這種教義學思想神的聖潔時，沒有脱離神為我們（*pro nobis*）而作的使人成聖行動；也沒有使人的成聖脱離使人成聖的聖靈的揀選、拯救和工作。這就是基督教三位一體教義在關於聖潔的神學論述中帶來的分別。

雖然接下來的幾章都由對三位一體的肯定模塑，但有很多東西是這些討論不會嘗試處理的。這些討論假設基督教神的教義是三位一體的教義，而不是為這教義辯護。這些討論並不處理三一神學的基本觀念，例如：位格、統一性、聖靈出來、使命等。它們也不會詳細講述斷言神有好像聖潔這樣的特性涉及的一般性問題。雖然本書會涉及這些問題，但我的關注要有限得多；我嘗試顯示對神的聖潔的三一論述，本身怎樣包括一種思想神和受造物的關係，以及祂對受造物的行動的特定方式，這種方式既拒絕將他們截然分開，也拒絕將他們混淆。巴特（Karl Barth）（很多人有點奇怪地視他為不大願意接受三位一體）這樣講述這件事：

> 三位一體的思想驅使神學……至少在兩方面在關於神的思想上完全真誠：第一，當它是關於神對人的行動這個問題時；第二，當它是關於人對神的行動這個問題時。它是察覺到神是天父向人說話的聖言（Word）；是天父和聖言的靈，令人能夠聆聽聖言。它不能尋求只有一個中心、一個主體，因為它的主體是神。如果它尋求將自己消解為只是關於神對人的行動的教導，消解為純粹是關於聖言的

> 教導，它便會變成形而上學；如果它將自己消解為關於人對神的行動的教導，消解為純粹是關於聖靈的教導，它便會變成神祕主義。不過，前者幾乎不是純粹關於神聖言的教導，後者也幾乎不是純粹關於神聖靈的教導。純粹關於聖言的教導會考慮聖靈作為神聖的實存，在祂裏面聖言得到聆聽；正如純粹關於聖子的聖靈的教導，會考慮神的聖言，作為聖言在其中賜予我們的神聖實存。宗教改革家正是懷著這個思想，以神聖言和信心的相互關係，作為聖靈在人裏面的工作，傳播聖言的教導。[1]

基督教聖潔的教義學不是形而上學，因為聖潔的神以聖子和聖靈接觸世界，祂是使人成聖者；這種教義學也不是神祕主義（或道德主義），因為人類的實存只有倚賴聖子的聖靈才能夠變得聖潔，聖子是使人成聖的。因此，正如巴特所說，聖潔的三一教義學「不能尋求只有一個中心、一個主體」，**正是因為**「它的主體是神」——祂在成肉身的聖言和賜生命的聖靈中被認識為聖潔的神。因此，在第二章論述三一神的聖潔為創造團契的聖潔後，我們會在第三章論述教會的聖潔，並在第四章勾劃個別基督徒的成聖。只有這樣，我們才可以追溯到三一神工作軌迹的盡頭。不過，在開始這個任務之前，我們必須先停下來，思想神學的聖潔是甚麼意思。

註釋

1. K. Barth, *Protestant Theology in the Nineteenth Century: Its Background and History* (London: SCM Press, 2001), pp. 444～445.

1

神學的聖潔

I

以下是從基督教教義學立場，對神的聖潔進行的一系列思考。教義學往往被譏諷為不神聖的科學，將敬虔的實踐貶低為了無生氣的命題。但事實絕非如此。教義學是令人喜悅的活動，在其中，教會藉著將它的思想朝基督的福音整理而讚美神。教義學處於神聖潔的百姓的讚美、悔改、見證和事奉中，和所有基督教神學一樣，將教會的注意力引向福音宣告的實存，並嘗試負責任地將那些實存化為思想。這個簡短研究的任務，是嘗試學習福音怎樣在神的聖潔這件重要的事情上，整理我們的思想。

我們處理這個課題時，必須謹記，在以基督徒的方式思想神的聖潔時有兩個基本要求。第一，我們需要明白，**關於**聖潔的神學思考，本身已經是一種聖潔的運用。神學是使理性成聖的一個層面，也就是說，是一個過程，在其中理性被聖潔的神那可畏和充滿憐憫的同在治死和賜予生命。如果沒有成聖——沒有被神抓著，為了在聖徒的團契中事奉神而得到潔淨——神學理性的工作便是無益的。以基督徒的方式思想神的聖潔的第二個要求是：我們需要確保我們思想的是真神，而不是我們自己發明的某個神。關於神的聖潔的神學論述，和所有神學論述有相同的規則，也就是只有在嘗試依從神那給定（a given）的實存時，它才是真理。那給定的實存是神榮耀和自由的自我介紹，身為聖父、聖子、聖靈，在我們當中的聖者，和神聖潔的百姓建立、維持和完善公義的團契。

和這兩個基本要求一致，這第一章討論我們對神的聖潔進行神學思考時，是從事哪一種思考。接著，其後的幾章研究三個基本主題：身為聖父、聖子、聖靈，神的聖潔有甚麼本質；教會的聖潔；以及基督徒的聖潔。因此，這幾章討論聖潔和神的教義，教會的教義，以及基督徒成聖的教義之間的關係。這三個主題彼此不能分開，對我們理解它們是十分重要的。因為三一神的聖潔，作為創造團契的聖潔，指向神的受造物。神這位三重的聖者是在我們中間的聖者；所以聖潔是一個**關係性**觀念，承認我們在那聖者身為聖父、聖子、聖靈的作為中與祂相遇，或者完全沒有與祂相遇的一種方式。

心裏存著這些思想，我們直接去到第一個主題，也就是神學的聖潔。為了給我們的思考一個梗概，我提出一個命題，作為我們思考的基礎：

> 基督教的聖潔神學是聖潔理性的一種運用；它的背景和內容都在神聖三位一體啟示的同在中，而這同在是由聖經闡明的；它是在敬虔地倚賴聖靈下接受的冒險；是在聖徒的團契中的一種運用，為神聖潔百姓的認信服務；是一種工作，在其中聖潔因為敬畏神而得以完全；而它的目的是讓神的聖名得以成聖。

以下我們只是一一討論這個命題的內容，藉以為我們揭示福音可以怎樣整理我們的思想。

II

基督教的聖潔神學是聖潔理性的一種運用。基督教神學是理性的成聖的一個層面；神學理性的基本條件是理性由神分別出來，被神在祂的事奉中使用。和人類生命所有其他方面一樣，理性是神成聖工作的一個領域。理性和良心、意志及感情一樣，如果要好好實行它的工作，便必須與聖潔的神復和。只有當基督教神學植根於由神使人成聖的同在令理性復和時，那基督教神學才是良好的。

這樣說是公然違抗現代文化一些深刻的智性和靈性常規。現代的特點是視理性為「自然的」(natural) 能力——人類一個標準、不變和基本的特質，一種基本的人類能力或技巧。作為自然的能力，理性並不牽涉入神拯救工作的戲劇中，而這是至為重要的。理性沒有墮落，所以既不需要被審判，也不需要復和或成聖。理性就是**存在** (is)，它在其智性本質上是屬於人類的。因此，「自然的」理性被視為「超越的」(transcendent) 理性。理性離開或超越所有可能的信念，所有生命特定、歷史的形式，從遠處觀察和判斷這些形式。理性並不參與歷史，而是對歷史作出判斷。它是超越和至高的智性立法者，除了本身外，不向任何事物負責。

對理性的這些觀念是那麼深入現代文化，以及文化中最有名望的思想機構；以致我們很少察覺到它們存在。但對基督教的認信來說，這些觀念卻是混亂的。它們是混亂的，最主要是因為它們將理性和它的運作，從神和祂的受造物交往的計劃中抽離出來。根據基督徒認信的標準，這樣認為理性是「自然」和「超越」是腐敗的，因為這樣是將理性從神身為創造者、復和者和完善者的工作分離出來。一旦我們視理性為「自然」而不是「受造」（或者用另一個方式說，一旦「受造」的類別被貶抑為「自然」的類別），理性的偶然性便被擱在一旁，它的充足便被高舉到脫離真理這份神聖恩賜。或者，如果理性被解釋為自然能力，我們便不再將它理解為是墮落和需要與神復和的。如果理性被視為人類超越的能力，理性對賜予生氣的聖靈的持續倚賴便會被擱在一旁，因為自然的理性毋須變得聖潔。

不過，基督教神學必須要求有所不同，因為神學藉以引導它的生命的福音認信，要求神學說人類的整體，包括理性，都包含在罪及復和的歷史中。罪和它被神的恩典克服的歷史，關乎將人類作為整體來重塑，而不單是由我們將它限制在它的「屬靈」領域中。因此，理性和所有其他事物一樣，都面對神聖的要求，在它的主它的神面前成為聖潔。

基督教神學是理性的聖潔的一個特別事例。在這裏，正如所有真理的思考一樣，我們需要追溯當理性被三一神審判、稱義和成聖的工作轉化時，有甚麼事情發生。而且，理性的成聖有點不同：理性的轉化和不墨守成規並進。聖潔理性是終末式理性，服從於一切得到更新的過程，在其中罪和虛假被擱在一旁，偶像崇拜受到譴責，新創造隨著悔改和喜悅而得到承認。如果保羅所說的心意更新（羅十二2）是可見的話，便需要在基督教神學中被看見，在其中聖潔的理性蒙召喚，處理神的偉大事物以及在神裏面的一切。這樣，我們便進而問：在承擔**聖潔**的神學時，涉及甚麼？這種要求特別高的工作有甚麼特點？

III

聖潔的神學的背景和內容，都在神聖三位一體啟示的同在中。聖潔的神不單是由考察一切的神學心靈考慮的某個主題；祂是那尊貴的一位，它的溝通性同在令神學變得可能，祂就是神學的必須條件（*conditio sine qua non*）。

聖潔的神學向啟示負責。也就是說，基督教神學所以可能，只是因為基督教認信的聖潔的神那自我溝通的特質。這啟示性、溝通性同在，形成神學承擔它作為聖潔理性的事奉的**背景**；這同在也決定了基督教神學的**內容**。

啟示可以定義為聖三一的自我呈現。那是至高憐憫的自由工作，在其中聖潔的神定意、建立和完善人類和祂的拯救性團契，在這種團契中，人類認識、愛和敬畏祂，超過一切。我們可以詳細一點解釋。啟示是**聖三一的自我呈現**。也就是說，啟示是談論那些神令自己在場的行動的其中一個方法。這表示啟示的**內容**是神自己的實存。我們不應該視啟示為傳達隱藏的真理，彷彿在啟示中，神揭開蓋在某些東西上面的幔子，將那些東西指示給我們，而不是顯露祂自己。啟示是神的**自我**呈現；它的內容和神完全一樣。談論啟示就是指向神談論祂自己最聖潔的名。而且，啟示的**媒介**是神自己；在啟示中，聖潔的神呈現的是祂自己。使神的同在成真的，不是由神以外的中介負責；神並非了無生氣或不活躍，而是雄辯地從自己「清楚地發言」。這樣，啟示是**至高憐憫的自由工作**。神的啟示是神的**屬靈**同在。神是啟示行動的位格性主體，因此啟示絕對不能被商品化。作為屬靈的同在，聖潔的神的同在是自由的；它並非由神以外的任何實存所產生，但卻是尊貴地自發，而且不由外在原因引起。

作為聖潔的神在自由的憐憫中的自我呈現，啟示建立**拯救性的團契**。啟示是有目的的。它的目標並非只是神聖的自我炫耀，而是克服人類的反對、疏離和傲慢，以對神的知識、愛和敬畏取代。簡單來說：啟示就是復和。巴特寫道：

> 啟示的意思、內容和動力就是：復和已經被造成和完成。復和不是啟示讓我們知道的一個真理；復和是神自己的真理，祂在自己的啟示中自由地將自己賜給我們。[1]

作為神仁慈的同在，啟示本身是團契的建立。它不是一種行動，在其中神通知我們祂藉著其他行動使我們與祂復和；談論啟示是一種方式，顯示神拯救、創造團契的同在那溝通的力量。神作為救主存在，所以是溝通地存在。這一方面表示與神的團契是溝通性團契，在其中得以認識神。另一方面，這也表示在神的啟示中認識祂，不單是認知的事情，而是認識**神**，因而愛和敬畏那位委派我們與祂自己團契的神。因此，啟示不單是將知性的分隔溝通起來（雖然包括這方面），而且是復和、拯救，並因而是團契。啟示的特色不單是認知性，也同樣是道德性和關係性。啟示是聖潔的神捨己的同在，這同在推翻對神的反對，並在復和中將我們帶到認識神的亮光中。

這就是對啟示的意思的簡單勾劃。說這樣理解的神聖啟示，是基督教神學作為神聖理性的運用的限定性**內容**，究竟是甚麼意思？最基本的意思是，這表示基督教神學由聖潔的神啟示性同在的領域圍限，並在其中進行它的工作。基督教神學並非理智超脫的一刻，神學家離開啟示的同在和信仰的實踐的一點，並對基督教的認信採取一種不同——更抽象或批判性——的立場。神學家並不從啟示、悔改和門徒訓練的範圍撤離；事實上，他們不能夠這樣做，因為沒有地方讓神學家可以撤退進去。和基督徒實踐的所有其他領域一樣，基督教神學由神的同在那支配性和啟示性召喚引導。它在由那同在標示的領域內進行；如果它撤離那同在，或者墮進一種夠不上敬畏聖潔的神的態度，便是失足墮進荒謬之中。

因此，我們再次發覺自己遇上神學作為聖潔理性的運用這個矛盾的特質。現代的其中一個大神話是，理性的運作是一個可以排除神同在的領域；在那裏，思想可以不受神闖入。對這個神話，基督教神學是有力的反駁。作為正在運作的聖潔理性，基督教神學永遠都不能逃避那清醒的認識，那就是我們在神那使人畏懼的同在中說話，而我們是不能逃避祂的同在的（詩一三九7）。在基督教神學中，我們論述的內容，並非缺席的某一位，並非我們能夠排除在我們自己的智性的自我同在以外的某一位，也並非我們可以安全和不受騷擾地喋喋不休地談論的某一位。我們在神的同在中說話。我們開始以神學方式談論神的聖潔時，很快便發覺情況逆轉了；不再是我們召喚神到我們心裏，令祂成為明智的論述的背景；而是剛好相反：聖潔的神顯示自己，召喚我們到祂面前，解釋我們的思想。那召喚——而不是任何文化、知識或政治條件的薈萃——才是聖潔理性的限定內容。當然，神學的理智工作還有其他內容，其他決定因素和限制：神學是人類歷史中的人類工作。但那些決定因素和限制全都從屬於聖潔的神引導性的宣稱，也由這宣稱相對化。這宣稱是一切事物中最可畏的；但也是一切事物中最充滿應許的。

聖三一那啟示性同在也構成基督教聖潔神學的**內容**。因為，作為聖潔理性的運用，神學並不發明自己的內容，因為它的內容是給定的，由聖三一的啟示性同在確定和權威地給定，而這啟示性同在就是基督徒認信的實質。

和所有基督教神學一樣，聖潔神學是實證性的科學。也就是說，它從一個*positum*（編按：這拉丁語含有「事實之物」的意思）——一個給定——出發，也朝一個給定前進。我們已經將那給定描述為神——聖父、聖子、聖靈——的溝通性同在。啟示那令人驚訝的實存，是神學作為聖潔理性的內容。不過，正如我們很快會看到，說這是神學的「內容」，很容易誤導我們，令我們以為神學的主題只是另一套理性能夠在操控的行動中召喚的觀念。神學的內容——它的**客體**（object）——永遠都是**主體**（subject）：聖潔的神那自由、有位格、完全有說服力的宣稱。因此，神學和它的內容之間的關係，遠遠不是作為主人或檢查員；神學更多是以懇求者、悔罪者和門徒的身分接觸它那給定的內容。因為這些態度最恰當地反映神學的狀況的事實——它受到福音那給定的真理約束，而理性只能在其中找到它的自由。

由於神學理性受它的客體——神作為聖潔、自我啟示的主體——約束，它並非從自己的資源產生它的內容。聖潔理性不是**詩性**而是**接受性**的事業；事實上，在基督教神學中，詩學等同拜偶像。因此，神學談及神的聖潔本身時，它的語言並非藉著它給神聖實存的名稱，**模塑**或**想像**那實存。它的工作不是人們所說的「散漫的想像活動」，產生關於神的符號或密碼，為對神祕而神聖的經驗提供定義。[2]如果神學以有序、負責任和合適的方式接受自己的任務，便只是嘗試重複神在以至高的憐憫顯示自己時給自己的名字：「我是耶和華——你們的聖者」（賽四十三15）。神學並非關乎為神**命名**，更加不是為神聖的實存製造甚麼符號，是能夠令宗教的業餘人士或蔑視宗教的人感到豐富、有支持作用，或在文化上帶來便利的。在談論好像聖潔這樣的屬性時，聖潔理性是徹底反惟名論（antinominalist）的。當然，這並非否定神學需要建構語言和觀念；也並非否定在進行建構工作時，神學沒有本身已經有的現成詞語和觀念，而需要從其他地方借用，並以最好的方式加以調適。否定這點，就是假設可以毋須透過作為人類工作的理性，便能夠完全和直接接觸神。但在神學中，人類理性的工作是成聖的工作。神學是獲委派為啟示服務的理性；因此它的第一個任務是：謹記在談論神的本性時，必須停止作為臆測的理性（*ratio ratiocinans*），並努力、悔罪地學習成為理性的推論（*ratio ratiocinata*）：從捨己的神接受其內容的理性。

IV

讓我們現在總結一下：神不是被召喚到理性的同在中；而是理性被召喚到神的同在面前。那同在在它那無限的自由、莊嚴和恩典中，既構成聖潔理性在其中運作的範圍，也構成聖潔理性必須不停地將本身指向的內容。我們怎樣與那同在相遇？關於這個問題，我們的命題給予一個簡單的回答：神啟示性的同在**在聖經中宣告**。當那聖者說出祂的聖言時，神的溝通性同在便透過聖經與我們相遇，因為聖經是由神感動和委派的受造性工具，為神的自我呈現服務。用聖經的話來說，這些經文「來自神」，因為在它們裏面，「人被聖靈感動，說出……話來」（彼後一21）。聖經是神聖活動的結果；它不是單由人自發產生，而是由聖靈的推動力產生。那推動力安排人類的文本溝通行動，令那些行動適合用來公佈對神的認識。就我們現在的目的，這表示聖潔的理性是釋經的理性，由對這些文本的閱讀指示，也指向對這些文本的閱讀，而這些文本是神自己說出祂的聖言的僕人或輔助。關於神的聖潔，和關於所有事物一樣，基本的神學責任是釋經。

在這個時候，聖潔的神學站在交叉路上。在這裏，如果它要正確地表明運用聖潔理性這個特點，便需要作出一些決定。它可以在兩種方法中選擇一種來進行這工作。它可以首先闡述「聖潔」的現象學，這會形成一個神學論述的基礎，是關於神的聖潔和它對人成聖的必要。或者它可以直接進到釋經和教義學的任務，繞過將它的考慮植根於宗教現象學的嘗試。我不相信第一個選擇會有多大成果。這個選擇在某些宗教和文化研究的主導方式，以及受田立克（Paul Tillich）將「聖潔」和「神聖」連繫起來影響而進行研究的現代基督教神學中曾經有力地存在過，而且仍然繼續有力地存在。不過，最終這種現象學對有建設性的基督教教義學沒有多大貢獻。這最主要是因為在這些研究中，「聖潔」這個一般的觀念被賦予比釋經優先的地位，結果淹沒了基督教對聖潔的理解的特殊性。對「積極的」基督教神學，由留意透過解釋正典得到的啟示嚴格控制的神學來說，先知和使徒所說的聖潔，不是普遍的宗教現象的一個特定版本。他們所說的聖潔在神創造及復和工作的歷史中讓人得知；神在那些工作中向我們闡述祂的存在。那些工作決定聖潔的內容；神和那些神使之成聖的實存的聖潔不僅是「那聖者」(the sacred),而是不可分離地連繫到這位神展現的身分。以基督教的意義說「聖潔」,就是指向這一位,指向祂是誰,以及身為受造物的創造者、復和者及成聖者,祂從事甚麼工作。聖潔不單是奧托(R. Otto)的名言「神祕的震懾力」(*mysterium tremendum*)[3],「終極地和人有關的素質」[4],或德里達(J. Derrida)的「安全、完好和未受損傷的」[5]。對聖潔的神學來說,最好能夠避免好像「那聖潔」這種抽象名稱,因為存在的是那聖者,我們以那聖潔名字認識的那一位,顯露出自己聖潔的臂彎的那一位。關於對這一位的認識,需要的是對聖經的解釋。

這裏對聖潔理性的運作帶來兩個結果。首先,由於聖經是**權威的正典**(authoritative canon),聖潔理性的**規範**(norm)在聖經中。說聖經是權威的正典,表示這確定的作品集被當為統一、由神賜下的先知和使徒見證接受和閱讀,合法地取得教會和它的神學的承認、同意和服從。聖經對聖潔理性的權威,是聖經由聖靈賦予的能力,可以促進神學有符合真理的思想和語言。符合真理的思想和言語跟隨實存那給定的秩序。擁有權威的,無論是文本或個人,都將理性指向那給定的秩序,從而形成理性的行動;權威是有力的,因為它將真理帶給我們,並根據實存整理理性。因此,聖經的權威是要教會**承認**,而不是由教會**賦予**。權威不能夠由教會或教會的神學授予,只能夠接受它合法地指導理性的活動。這樣,聖經的權威完全不是抽象或徒具形式;而是神永活的聲音的僕人,那聲音是真理,令教會能夠從那真理而活,並活在那真理中。

這規範是怎樣運作的?如果神學的工作根據這給定的規範行動,簡而言之,它便必須顯出聖經的特質。也就是說,它最重要的特點是服從福音的實存，而這實存是由聖經宣告的。這服從以多種方式表達出來：拒絕猜測；抗拒削弱「惟獨聖經」(*sola scriptura*) 或「全然聖經」(*tota scriptura*) 那必要的力量的壓力；神學語言和觀念對聖經正典的清晰性；最重要的是，聖潔理性在以學生而不是老師的身分，並以樂意在聖經的學校中學習的態度，執行**閱讀**聖經這個任務時的堅持、喜樂和謙卑。這一切都包含在說聖經是聖潔理性的規範之中。

其次，由於聖經是**充足的** (sufficient)，聖潔理性在那裏找到它的**限制**。聖經的充足是它作為由神聖言感動的僕人的權威的必然結果（事實上，我們可以說，如果缺乏對聖經的充足的清晰意識，我們可以合法地懷疑，聖經的權威是否得到正當的同意）。聖經的充足表示，在聖經中可以找到認識福音的信仰所需的一切。聖經對它的目的來說是充足的。而它的目的是公佈神拯救的知識。因此，聖潔理性在聖經中找到它的限制——也就是聖潔理性不能超越的一點，因為它**毋須**超越那一點。如果聖經作為**規範**，要求神學服從地閱讀它；聖經作為限制，則要求神學在它的工作中顯示一種獨特的專注。也就是說，談及聖經的充足，是對容許神學的想像受到誘惑，留意各種令人著迷的來源提出警告；因為無論它們可能顯得多麼豐富和有成果，最終它們幾乎總是構成干擾。神學不能夠成為一切，也不能夠甚麼也做，或者甚麼也說；如果神學努力和各種其他知識和文化活動的領域交往，無論是出於多大的善意和有多麼值得讚賞的動機，都會在嘗試聆聽和重複神的聖言方面，冒失去它的確定性、完整性和穩定性的危險。因此，聖潔理性的特點是有集中的強度；藉著繼續自己的工作，禮貌地不理會勸阻者，婉拒參與各種自己以外的工作的迫切邀請，並專注於致力建立神城市的圍牆。

讓我們再作總結。我們一直在思想這句話：作為聖潔理性的運用，基督教的聖潔神學的背景和內容都在於聖三一的啟示性同在；而這同在在聖經中提出；因此，聖經既是規範，又是限制。從這裏，我們進而更仔細地描述聖潔理性怎樣接受它獲委派的任務。我們需要留意四件事情：聖潔理性的**基本行動**是祈求聖靈幫助；聖潔理性的**背景**是聖徒的團契；聖潔理性的**態度**是對聖潔的神的懼怕；聖潔理性的**目的**是神的聖名得到崇奉。讓我們逐一研究這幾件事情。

V

作為聖潔理性的運用，基督教神學是**在敬虔地倚賴聖靈下接受的冒險**。我們已經看到，聖潔理性是在神的啟示性及復和性同在下進行的人類行動。理性並不離開那同在，獨立於神以外。剛好相反，如果理性要完成自己的任務，朝真理的判斷努力，便必須與神復和。不過，這復和的工作，是神自己，並由神單獨進行的工作。它只能夠是神的工作，因為理性遠離真理，令理性變得沒有能力。理性遠離神真理給定的秩序，拒絕接受它作為神的受造物的呼召，顛覆了和聖潔的神的關係，而那關係是認識真理必不可少的條件。用保羅在羅馬書第一章的話來說，受造物拒絕榮耀神或懷著感恩而存在，絕對令理性陷入危險；因此，理性變得無用、無知和昏暗。從那無用、無知和昏暗，生出偶像崇拜，致命地以謊言交換真理，以偶像交換值得敬拜和事奉的對象。加爾文（J. Calvin）指出：

> 他們拋棄神的真理，轉向自己理性的自負，而那是完全沒有識別能力和短暫的。他們**無知**的心因而變得昏暗，不能夠正確地了解任何事物，在每一方面都莽撞地衝向錯誤和虛假。這就是他們的不義，真知識的種子在未成長得成熟前，已經即時被他們的邪惡窒礙。[6]

只有神能夠醫治我們這種自負。神透過聖靈的工作這樣做。聖靈審判、殺死理性，並使理性重生；令理性可以再次完成它的呼召，榮耀和感謝神。透過聖靈，神的聖潔影響理性的工作。正如我們在下一章更直接研究聖潔作為神的屬性時會看到，神的聖潔可以從兩方面理解。其中一方面是對神的屬性很有研究的偉大神學家克雷默（Hermann Cremer）所說的「神對罪的積極對抗」（*die Gegenwirkung Gottes gegen die Sünde*）；另一方面是神使受造物的工具成聖或分別出來，為祂的榮耀服務。[7]神的聖潔作為**對抗**在聖靈「治死」（*mortificatio*）的工作中實行；神的聖潔作為**成聖**在聖靈「復生」（*vivificatio*）的工作中實行。兩者都可以——實際上是必須——伸展到基督徒對理性的工作的描述，從而也伸展到對神學的工作的描述。當然，這種描述並不包含否定我們智性活動的受造性（就好像談論人類道德的潔淨，是削弱我們對我們實際上是道德的踐行者的感覺）。它所做的是指明我們在進行聖潔理性的工作時，從事的是哪一**種**受造物的活動。我認為，最好將我們從事的那種受造物活動描述為死亡和重生。

聖潔理性是被治死的理性。它是被審判和破壞的理性，它受到神對保羅所說的「那些行不義阻擋真理的人」（羅一18）進行的那種審判。那審判和破壞，在神兒子的十字架上一次便產生效力。在神兒子的死亡中，神滅絕智慧人的智慧（賽二十九14；林前一18～19）。聖潔理性在自己裏面執行耶穌的死亡——也就是順從不住的悔罪的要求，在聖潔的靈譴責理性的偶像崇拜、驕傲、自負的好奇和野心時，簡單來説，在理性戒除虛假和學習真理時——繼續活出治死。聖潔理性也是得到生命的理性。如果聖潔理性受到聖靈作為主的責備，它也同樣接受同一位靈作為生命的賜予者的重生工作。透過賜生命的靈，理性得到指引，從而轉向它正當的目的，也就是認識聖潔的神和在祂裏面的一切。而透過那靈，理性被變為有能力：它的呼召得到更新，理性受到聖靈指導和裝備。而且，透過聖靈這使之成聖的工作，理性變得「聖潔」，由神分別出來，以致能夠接受它為之受造和再造的事奉。

正因為這樣，神學理性的冒險，只能夠在祈求聖靈來臨中接受。由於神學工作總是治死和復生的過程，它的核心是懇求神給予指示的行動：

> 耶和華阿，求你將你的道指示我，
> 將你的路教訓我！
> 求你以你的真理引導我，教訓我……（詩二十五4～5）

這種禱告不單是神學上的裝飾；更是神學的精髓。在禱告中，理性仰望神，承認自己的不足和需要被引領進入神的真理，並充滿信心地信任聖靈的指導：

> 神學工作的第一和基本行動是**禱告**……神學工

> 作不單始於禱告，也不單由禱告伴隨；在它的完全中，神學的獨特之處和特點是它只能夠在禱告的行動中實行。[8]

這樣談論智力工作可以顯得古怪，甚至滑稽：這種論述除了是將構成研究神聖的理性活動無望地理想化，甚至神話化的論述外，還可以是甚麼？面對這種懷疑，提出一個溫和得多的宣稱——關於神學家虔誠的性情或屬靈的美德，不是不會那麼尷尬嗎？但談論神學作為聖潔理性的運用，並非只是談論神學家的愛好的某個背景；在最終的分析，聖潔不是心理或宗教特定的量。理性是聖潔的，因為神在理性中動工，阻止它墮進錯誤中，將它從我們腐敗的意志和對神的敵意的束縛中釋放出來。將神學工作描述為聖潔理性的工作，就是說如果不談論這位神和祂的審判及更新的行動，我們便不能夠描述我們從事神學家的工作時，有甚麼事情發生。

VI

接著，作為聖潔理性，神學是**在聖徒的團契中的一種運用，為神聖潔百姓的認信服務**。我們將會看到，神的聖潔是創造團契的聖潔。神的聖潔在基督教傳統中得到的認信，是身為三一神的聖潔，身為聖父、聖子和聖靈被認識的一位，身為受造物的創造者、復和者和完成者轉向受造物的一位。因此，它是聚集和支持一個人類羣體的聖潔，這個羣體被分別為聖徒的團契，作為人對神聖潔的愛的回答。而神學是接受這「聖徒相通」的任務，獲指派服事羣體對聖三一的認信的理性。

由於這樣，神學首先是**在聖徒團契裏接受的一種活動**。神學的領域是教會的領域。神學和教會分享相同的神聖事物。它聆聽福音中神相同的仁慈聖言；它站在聖言宣告的相同審判之下，從聖言接受相同的赦罪；它透過聖經和聖禮由同一位聖靈教化和更新；它參與相同的讚美和請求；它以相同的認信指示自己；它也同樣以與褻瀆神的聖名的邪惡分離作為標記。雖然在現代，神學的制度性安排往往令我們很難看到這點，但神學不是一個**超越**的時刻，不是思想某種站在僅僅是基督徒羣體的內部生活之上的活動，令它承受嘲諷、批評的凝視。聖潔理性是教會的科學——一種認識和探問，在「由神的聖言聚集、建立和安排的共同體」中進行，並參與神向那共同體發出的呼召和應許。[9]當然，現代性拒絕給任何這種活動「科學」這個稱號，正如它拒絕給那些在認信福音中興起的智性活動「理性」這個稱號一樣。但那些拒絕告訴我們關於現代的事情，多於告訴我們關於科學或理性的事情；而有信心、聖潔的神學不會太受那些拒絕困擾，只會以努力和順從神在聖徒團契中的呼召，完成它的任務。

第二，神學是**和聖徒團契**的運用。神學在神百姓的共同體內進行自己的工作時，協助它所屬的羣體。它的特別事奉是教化教會，建立教會的共同生活，從而服事對福音的認信。神學這樣做的方法很簡單，只是藉著解釋福音的內容，教會的所有言語、思想和行動都必須配合這內容。在聖潔理性的工作中，聖徒的相通讓它的生命順從福音的評價，藉著以一切真理的規範——神身為聖言的啟示性同在——判斷它對神的理解，作為對那些理解的測試。教會實行它的神學時，探問那神學是否真的以聖徒相通來說話、思想和行動；福音是否得到真實、悔改和完全的聆聽；福音的應許和命令是否在它們的一切權威和恩典中得到承認；在認信福音時，蒙神揀選的在祂面前是否真的聖潔和毫無指摘。不過，最重要的是，神學並不是以教會的主或審判官的身分執行這個任務。它怎能夠這樣？教會只有一位主和審判官，就是那位聖者自己，教會不能夠僭奪祂的職務。神學最重要的工作是藉著模範地順從福音而進行——透過神學本身站在神聚集羣體的聖言之下；透過福音那給定的真理引導它自己的言語和思想；最重要的是，透過仰望神，承認好像教會生活中的一切事物一樣，神學是不可能的，除非神令它變得可能。只有這樣——謙卑和毫無矯飾地——聖潔理性才能夠和神的眾聖徒團契，並服事他們的認信。

VII

我們以下這一句話，藉著指出神學作為聖潔理性的方式的某些東西，將前述事情連在一起。神學是一種工作，在其中**聖潔因為敬畏神而得以完全**。聖潔的完全——也就是它的完成或實現——涉及敬畏神（林後七1）。保羅在哥林多後書第六章指出，聖潔是潔淨，涉及徹底地和不潔的分離，以及與天父上帝團契。聖潔在敬畏主中得以完全，而敬畏主是智慧的開端。這對神學作為聖潔理性有甚麼意義？

神學和信仰生命中所有其他活動都在同一情況下存在，那就是在那聖者的同在中實行，祂「身為無條件的威嚴與我們相遇」。[10]由於神是威嚴的，因此，在祂面前的一切都要敬畏祂，與祂相遇就是被我們永遠都不能掌握的那位遇見，祂永遠不能成為我們可以隨意取出和檢視的客體、觀念或言語或經驗的模式。聖潔的神是完全自由的；即使是在祂接觸人類，為自己揀選一羣百姓，使他們成聖時，祂也不是他們可以任意處置的資產，可以成為祂百姓宗教或文化資源的一部分的一個實體。「你們不可褻瀆我的聖名；我在以色列人中，卻要被尊為聖。我是叫你們成聖的耶和華」（利二十二32）。這個要求——敬畏神和尊祂的名為聖——在很多方面都是對神學理性的要求。理性只能夠在抗拒自己偶像崇拜的能力，抗拒自己藉著將神的事物變為平常，從而褻瀆神的名這種自然傾向時，才能夠聖潔。因此，聖潔的神學不信任自己掌握自己主題的能力，而是謙卑，明白自己所說和所想的很多東西都只是塵土，這一切都是恰當的。神的聖潔表示神學在以下這個禁令之下：「不要近前來」（出三5）。相應的是，神學的特點不是流暢和權威，反倒是軟弱；感到自己的言語，相對於自己要為之作見證的高超和聖潔事物是不足的。

不過，這個禁令不是令理性完全無力的絕對時刻。和那禁令一起的，還有一個具同等力量的必要命令——要說話：「誰造人的口呢？……豈不是我耶和華嗎？現在去吧，我必賜你口才，指教你所當說的話」（出四11～12）。這個命令也是一個應許：神會令聖潔理性能夠做罪令它不能夠做的事情；由於理性的言語在神手中，它們也可以在顯示福音的真理中事奉。譴責偶像崇拜，不是藉著沉默，而是藉著提出神教導的言語。而在這種言語中，聖潔理性表達對神的敬畏。

VIII

最後和十分簡短地，神學工作作為聖潔理性有甚麼目標或目的（*telos*）？那就是愛德華滋（Jonathan Edwards）所說的「對神的極大尊敬」，[11]**讓神的聖名得以成聖**。正如我們稍後會看到，使神的聖名成聖或被尊為聖，是聖徒團契所有工作的基本目的：

他們當稱讚他大而可畏的名；
他本為聖！（詩九十九3）

還有：

我的口要說出讚美耶和華的話；
惟願凡有血氣的都永永遠遠稱頌他的聖名。
（詩一四五21）

讚美、祝福和成聖沒有加添甚麼給神；它們沒有也不能擴展或豐富神的聖潔，因為那聖潔是無窮無盡、無可爭議地完滿和完全的。讚美、祝福和成聖只是承認和表示。而神學作為聖潔理性，在這種承認和表示中得以完成。

用這些話來談論理性的目的，再次是拒絕將智性活動從其他門徒的行動中分離。聖潔理性是聖徒相通生命的一種實踐；這樣，它參與教會的運動，分享它的來源，並參與它的目標。將聖潔理性抽離這運動，等如阻止它前進。不單這樣，如果忽略神學的智性活動的真正目的是讚美神，幾乎總是以其他目的取代那個真正目的，高舉技術、歷史或哲學理性，並使它們脫離對神的聖名悔罪和喜樂的事奉。我們可以圍繞一個主題組織現代神學的整個歷史：令理性逐漸脫離敬虔的智力折磨。

我們不應該視這一切為表示聖潔理性不是人類的活

動。神學不是來自感動；它不是福音的神聖事物；它在教會沒有教導職事的權威。它不是恩典的中介，而是人類思想和談論聖潔的神的工作。由於它總是人的工作，它分有從事神學工作的人以及他們的時代的脆弱和錯誤。神學對啟示的參照並不令它脫離其他一切人類理性的努力。不過**在**神學的人類特點中，而不是**雖然**有這些特點，神學仍然可以是聖潔理性。它能夠服事那聖者，以及聚集在祂周圍的人，和祂搏鬥，懇求祂祝福，然後好像雅各那樣，在路上蹣跚而行。

註釋

1. K. Barth, 'Revelation,' 收錄在*God in Action* (Edinburgh: T & T Clark, 1936), p.17。
2. E. Farley, *Divine Empathy: A Theology of God* (Minneapolis: Fortress Press, 1996), p.79.
3. 參 R. Otto, *The Idea of the Holy* (Oxford: Oxford University Press, 1923), pp.12~24。
4. P. Tillich, *Systematic Theology*, vol. 1 (Chicago: University of Chicago Press, 1951), p.215.
5. J. Derrida, 'Faith and Knowledge: the Two Sources of "Religion"', 收錄在 J. Derrida and G. Vattimo 編, *Religion* (Cambridge: Polity Press, 1998), p.36。
6. J. Calvin, *The Epistles of Paul the Apostle to the Romans and to the Thessalonians* (Edinburgh: St. Andrew Press, 1961), pp.32~33.
7. H. Cremer, *Die christliche Lehre von den Eigenschaften Gottes* (Giessen: Brunnen-Verlag, 1983), p.43.
8. K. Barth, *Evangelical Theology: An Introduction* (New York: Holt, Rinehart & Winston, 1963), p.160.
9. Barth, *Evangelical Theology*, p.37.
10. G. Aulén, *The Faith of the Christian Church* (London: SCM Press, 1954), p.123.
11. J. Edwards, *Dissertation I. Concerning the End for Which God Created the World*, 收錄在 *Works, 8: Ethical Writings* (New Haven: Yale University Press, 1989), p.442。

2

神的聖潔

I

第一章思想了以基督教方式思考神的聖潔兩個基本要求的其中一個，就是由於這種思考在捨己的神的同在下進行自己的工作，它必須是聖潔理性的工作，這種理性被聖化，在神聖徒的團契中服事聖潔的神。理性在這件事中的任務是「展示」神「奇妙的名」。[1]那聖潔的名由神自己說出，而神學必須給予那名理性的敬畏。那聖潔的名是神身為聖父、聖子、聖靈的名。我們對聖潔的神本身的思考只有在作為這名的重複時，才能夠由所有基督徒對神的思考的第二個基本要求引導。那個要求就是它必須是關乎真神的思考。

因此，在轉向思想聖潔作為神的一種屬性時，我們的任務是勾劃神的聖潔的三一教義學。再次，教義學不是猜測的工作，對聖經宣告的福音在觀念上的改進。教義學的目標十分簡單：再次引述加爾文的話，就是「為敬虔的心提供一種索引，是它們應該特別在聖經中尋找、關於神的事物」。[2]為了引導我們的思想，我提出另一個命題：

> 神的聖潔是聖父、聖子、聖靈的聖潔，帶有祂的聖名的那一位，祂在祂一切工作中都是聖潔的，祂

是在我們當中的聖者，祂建立、維持和完善與神聖潔的百姓那公義的團契。

II

神的聖潔是聖父、聖子、聖靈的聖潔。神的所有屬性都等同神的本質；但祂的本質是祂身為聖父、聖子、聖靈的存在和行動。神在祂三位一體的存在和活動中是聖潔的。因此，我們根據基督教的認信談論神的聖潔時，我們談論的神是**這**位神；神學對聖潔需要説的話，每一點都由它認信這一位神這個事實決定。

從一開始，這表示聖潔的三一教義學需要依從頗為獨特的路，這條路已經由神的自我同在定出，而這教義學只能夠堅決地，以及某程度上樂於脱離理性活動鄰近範疇的慣例追隨這條路。我們可以藉著指出三條特別的界線，帶出這獨特性。

首先，無論神的聖潔的三一教義學的後現代鄰居多麼不同意，無論它似乎多麼完全過時，它都會是「本體神學」（ontotheology，或譯「存有神學」）的運用。因為它的關注是，懷著恐懼和戰兢，就教會對聖三一的工作和方法的認信提出一個觀念上的描述。這種描述必定需要本體論——對神的存在、本性和特點的論述。這種本體論必定需要堅決地具教義性，也就是説，由福音對神與我們的歷史的宣告引導；因此，它無可避免地必須投入與神的本性持形而上有神論的爭論之中。但教義學應該不受説服，以為基督教神學在放棄本體神學後可以生存很久；倒應該在將神的教義拱手讓給解構前詳細和深入地思考。防止形而上學某些傳統那無可否認的有害影響的最好方法，不是拒絕本體論，而是完全以基督教的方式闡明本體論。

其次，神的聖潔的三一教義學的獨特之處，會在它對運用宗教現象學作為實證性的基督教教導的基礎，或者對將它的發現和對那「聖潔」的現象——文化、人類學和宗教——的探究連繫起來於不感興趣中顯示出來。奧托的《神聖者》（*Das Heilige*）在上世紀大部分時間享有的崇高聲譽，部分原因是他的方案是友善地對待很多神學家，不是簡單地傾向修正主義。這些神學家在「聖潔」這個觀念中找到基督教神學對神要說的話的一個基礎、關連或平行。田立克寫道：

> 聖潔是經驗的現象；向現象描述開放。因此，它是對理解宗教的本質相當重要的認知「大門」，因為它是我們理解那神聖最充分的基礎。聖潔和神聖必須相關地理解。[3]

藉著對田立克宣告的方案進行批判性思考，可以有很多話說：它訴諸好像「宗教」和「神聖」等一般事物；它那理智主義的假設，認為「理解」那神聖比實踐優勝；以及它的基礎主義牽累。不過，以教義學的用語來說，最有問題之處是將聖潔從有位格的神聖同在和行動分離出來。從這個角度看，較早前提過的田立克對聖潔的定義——「終極地和人有關的**素質**」——似乎是對那物質相當不完全的論述，在其中路德的「為我」（*pro me*）分解為人類自我的一個變調，缺乏指向神自我溝通的同在那力量和絕對的獨特性，而這是教義學必須努力保留的。

第三，神的聖潔的三一教義學會發覺自己和分析哲學性神學一些主導的方式所論述的神聖屬性的一些重要特點有距離。閱讀這種著作的人會即時因為它們在提出神的屬性時，沒有認真地涉及神的聖潔，以及特別選擇將大部分注意力放在例如全能和全知等所謂形而上學屬性上而感到驚訝。[4]這種忽略有多個原因：奇怪地無力處理特定宗教信仰和實踐的實證性；相應地偏好將基督教信仰的內容作為「自然宗教」的一個版本高度抽象化、簡化的表現；不願意讓三一教義在模塑對神存在的論述時扮演任何基本角色；將關於神屬性的討論，從考慮神救恩的計劃這種工作中分離出來。但所有這些特點，都由人們往往怎樣讓有關神本質的問題，優先於神存在的特性的問題所支持。[5]這樣給予優先性的一個即時影響是，形而上學作為存有的科學優先於解經和教義學（這只是教會會眾的內部反思）。由於從早期現代開始，形而上學已經負責發展對首要原理的論述，[6]現代分析哲學性神學在很多方面都是那分工的延續，特別是當人們視哲學性神學的整體計劃為「在**神的觀念**這個框架內，為對世界和世界中的人類的理性理解提供理由」的時候。[7]這樣運用神這個觀念——它展開完全解釋的任務——模塑了它的**內容**。

需要留意兩個結果。第一，神的觀念由證明神存在的證據模塑，而這些證據用來支持對實存的完整解釋時，所謂神形而上的屬性便得到相當的分量：

> 由有神論證據提供的對實存的解釋，只有在神能夠被視為有特定屬性的存有時才是一致的。作為存有和解釋的普遍基礎，我們必須將神理解為必須、不變、無因、全能、永恆、遍在、全知以及在每一方面都是完美的。[8]

聖潔傾向成為這個過程的受害者，因為如果神要成為世界存在的基礎，在列出神必須被視為哪種存有時，聖潔明顯沒有那麼重要。第二，這樣使用神這個觀念有一個特點，就是將神和造物的關係，限制在偶然能力和產物之間的關係以內；神的語言作為有位格的關係中的媒介，很少作為特色。因此，再一次，聖潔從視線中後退，因為作為「相對性」(relative) 或「位格性」(personal) 屬性，聖潔在論述神作為世界的本體性根據時重要性比較低。但正如我們將會看到，三一教義學的注意力集中在神的存有在神計劃的工作中表現出來，對形而上學和相對屬性的區分會感到不自在，並會專心地嘗試將它對神的聖潔的論述，植根於基督教對神身為聖父、聖子、聖靈的獨特認信中。它會嘗試避免抽象這個錯誤：也就是以為三位一體的教義不會帶來甚麼分別這個錯誤。對基督徒的認信來說，三位一體的教義帶來很大的分別，因為那教義在基督教福音的核心，因而也在基督教對神的本性的理解，以及神和世界怎樣產生關係的理解的核心。三位一體的教義是基督教對神的理解；因此，三位一體的教義模塑和決定我們怎樣思考神的本性的整體，包括我們怎樣思考神的聖潔。簡單來說，神身為聖父、聖子、聖靈是聖潔的。

III

神的聖潔是聖父、聖子、聖靈的聖潔，也就是**帶有祂的聖名的那一位的聖潔**。和神所有屬性一樣，聖潔的屬性顯示神的名。神的**名**是祂規定的身分，神身為**這一位**存在並這樣行動那完全、不能約化的獨特性。神的名是祂的不可比較性，祂的獨一性。帶有這個名，神不單是聖潔的奧祕，那無名和無聲，來自某種神祕的感覺，難以言喻和不確定的神。在祂那不能夠更改和不受攻擊的威嚴中，祂是祂所是的那一位：那自我決定的一位，全然超越任何比較或類別：「我是耶和華，這是我的名」（賽四十二8）。[9]

身為那完全不可比擬的一位，在每一方面都是「源自自己」（*a se*），神為自己命名。神**帶有**的名字是神**說出**的名字。當人類的語言重複這個名字時，無論是讚美、宣告或進行聖潔理性的工作，神的名字都不是被賦予，而是獲承認；神從自己而不是別人接受祂的名字，因為祂的身分是完全自發的。相應的是，對神的屬性的神學言談不是一個**建議**，將一種類別投射到神身上——一個命名；而是重複神的名字，是那名字觀念上的擴展，沒有為它加添甚麼，也沒有超越它，只是好像它已經被說出那樣將它說出，回到它那裏，好像那不能夠被增加、掌握或改變為任何不是它本身的東西。所有關於神的屬性的神學言談，都追溯到神對自己名字的規定；因此，對神的聖潔的神學言談只是說：「耶和華是神！耶和華是神！」（王上十八39）。

因此，對神的屬性的神學言談主要不是分類的問題，而是認信的問題；神的屬性是對神名字的觀念性解釋，是神身分的顯示。正因為這個原因，古典教義學傳統堅持，神學列舉神一系列不同屬性時，不是表示神聖存有內的不同實存；相反，每個屬性都在某個特別層面上，代表神存有的整體。也就是說，關於神的不同屬性的語言，必定不能夠損害奧古斯丁（Augustine）在說神「就是超越所有比較」時闡明的原則。[10]神的簡單表示神超越混合；因此，神的不同屬性並不代表神各自分開的部分，在集合起來時，一起構成神的身分。相反，列舉神的屬性只是表明神簡單的本質。這些屬性不是「偶性的」(*accidentia*)——神偶然的素質,可以藉以形容神,例如聖潔或智慧,因為神**絕對**是聖潔和智慧的。正如奧古斯丁所說:「在神裏面,存在等同……有智慧。」[11]因此,神的屬性的範圍顯示的只是神本質的純粹和簡單。

相應的是,古典教義學不願意容許神的屬性被區分為「實存地」(*realiter*)——因為渴望維持「每一種屬性都是神同樣絕對簡單的本質性的彰顯」。[12]古典教義學十分清楚的危險是,這種肯定可能很容易便會淪為惟名論。因為如果神的簡單這有力的教義帶領我們主張,神的不同屬性只是根據「理性地」(*rationaliter*)區分,便可能帶來懷疑主義:對神聖品質的談論和神聖實存沒有關連,神很容易變成空白、無以名之的空白。[13]作為防衛,重要的是我們需要堅持,雖然理性在神的不同屬性之間所作的區別,並不以任何直截了當的方式對應神最簡單的存有裏面的區別;但它們也不單是理性或觀念上的區分。它們是建基於理性藉以接近的實存——神身為創造者、復和者和完成者的自我同在;因此,它們是「理性推論」(*ratio ratiocinata*)的工作,而不單是思維的投射:

> 對我們那所謂形式概念來說,真正和彼此區分的,在神那邊回答各種客觀的概念,那說明就是在神裏面只有那無限的完全,是我們的理解,由於它天生的有限和軟弱,只能夠部分地在不同的行動中理解。[14]

這似乎十分抽象;但在它的形式化背後,有一個所有基督教關於神的言談的深刻原則,就是這種言談顯示神存有那純粹和獨一的行動，祂在祂身為聖父、聖子、聖靈那充滿憐憫的工作中，為我們存在，從而為自己存在。神的簡單是祂那不能化約的「此性」（thisness），在祂工作的戲劇中實行出來。神在其中是祂所是的簡單行動，也就是雲格爾（E. Jüngel）所說的「神那**具體的簡單**」（the *concrete simplicity* of God）。[15]談論神的簡單，因而談論神的屬性作為完全代表那種簡單，並不是將神化約為一點（純粹的意志，或者純粹的因），而是指向神三一存有和行動那「不能窮盡的完滿」（inexhaustible fullness）。[16]神的簡單就是神獨一的豐富，奧古斯丁以一個可愛的詞組稱之為「簡單的多重性或多重的簡單性」，與及我所說的神的「名字」或「規定的身分」，我們所有人都從那裏接受了完滿，恩上加恩。

因此，作為總結，神學談論神的屬性時，嘗試以一套豐富的觀念，擴展神的具體簡單，將神給予作為那存在的一位的身分再現。神的愛、憐憫、忍耐、公義和聖潔，神的無限、不受傷害、不變和全能，全都講述一件事，是最簡單又最無所不包的：**神存在**。在神的情況下，「聖潔」這個詞的內容是完全由它指向神的位格而決定的。謂語（聖潔）是徹底地由主語（三一神）確定的。羅馬尼亞東正教神學家斯特尼洛阿耶（D. Staniloae）指出，聖潔不是「非位格性奧祕的屬性」，而是「超越作為位格的屬性」。[17]也就是說，聖潔是位格性存有的謂語，三一神的行動和關係，神具體地執行祂的簡單；不是抽象的素質，而是神的「名」的指示。[18]

IV

身為聖父、聖子、聖靈，神**在祂的一切工作中都是聖**

潔的。神是聖潔的；但神是神所做的，所以**神的聖潔要根據神的工作而定義**。對神的聖潔的言談的決定性內容是，研究神的工作的「計劃」（economy）。所謂「計劃」，是指神和受造物及人類交往時那無所不包的範圍——身為創造者，身為救主，以及將自己的目標帶到完全的那一位。三一神所做的全景是執行神的存有。而由於神的身分在祂的工作中展現，對神的屬性的神學思考需要以神使自己被認識為聖父、聖子、聖靈這個給定的實存作為基礎來進行。神和世界的關係，以及祂對世界的作為，都是根據創造者、拯救者和完成者這幾個身分。對基督徒的認信來說，除了這位外，再沒有其他神；神的本質和本性，以及因而神的聖潔，在這裏都要根據神的工作來看，否則便完全不被看見。

對論述神的聖潔來說，從這裏開始有特別重要的結果。我曾經提出，神的屬性是為神的名字提供一個解釋的方法，顯示神身為主宰的復和者和救贖者身分。一個頗為正式地提出這點的方法是，說神的屬性是人們所說的「性格特徵的謂語」（character trait predicates），也就是一些言談的方式，是「留意一個人在時間中的行為模式」。[19]這種謂語是找出個人意圖的行動的方法；而就神的屬性來說，這表示「神會有這些位格性屬性，作為祂的身分在行動中彰顯的媒介」。[20]另一個頗為直接地屬於教義性的說法是，神的屬性闡述神對我們的行為的歷史：

> 作為對神的本質的描述……對神的每個斷言都是簡短地論述那根據神對我們的行為，表達的神的自我關係……對神的斷言在**描述**神是**甚麼**中，**辨別**出神是**誰**。因此，它們**論述**神是**誰**和是**甚麼**

……神的神性的基本屬性,在神的歷史的主要背景這個基礎上概念化。[21]

聖潔是神活動的一種模式;談論神的聖潔,辨別出祂和我們交往的方式。因為如果「聖潔」這個詞是一種活動模式的簡稱,如果正如馮拉德(G. von Rad)所說,它顯示「一種關係多於一種素質」,那麼聖潔的神正是神在自己仁慈的轉向中向人類顯現。[22]巴文克(H. Bavinck)寫道:「神的聖潔在祂向祂百姓的整個啟示中,在揀選中,在立約中,在祂的特殊啟示中,在祂棲居在他們當中顯明出來。」[23]

那麼,我們可以問,神的聖潔的信仰語言是甚麼?三一神的存有、工作和方法的統一身分,有甚麼特定的方面是由這種語言顯示的?我們可以這樣回答:談論神的聖潔表示那威嚴和獨一的純潔,是三一神在自己裏面,並朝著自己造物的生命,以及在這些造物的生命裏面行動;對抗那本身對抗祂身為創造者、復和者和完成者的目的的東西,並在聖徒的團契中完成祂的目的。由於聖潔是神和我們主耶穌基督的父現在在聖靈的能力中的聖潔,所以聖潔在關係中是純粹威嚴的。神的神聖威嚴,即使在它那不可親近性中,也不是以一種抽象的不同或別異性的神聖,一種對凡俗的反實存為特點;它是在神的工作中轉向、製定和顯現中得知的威嚴。威嚴和關係不是神的聖潔的對抗時刻;它們只是同一實存的不同闡述。因為如果神和我們的關係只是從屬於祂的基本威嚴,那麼神的本質會維持完全超越我們,永遠隱藏;而如果神和我們的關係不是威嚴,那關係便不再是我們在其中與神相遇的關係。因此,對神的聖潔提出教義學上的意義的必須條件是,避免將威嚴和關係極化;神聖的距離和神聖的親近,在神的存有和行動中是一個運動。[24]簡單來說,在威嚴的三一神的工作裏面顯示的聖潔,顯示為有**位格**、**道德的關係**,作為聖三一的位格和神召喚與祂進入聖潔團契關係的受造物之間的關係。[25]這裏的一個直接的必然結果是,神絕對或形而上和相對或位格性屬性之間那熟悉的區別只能夠有有限的應用。部署到最佳的利益時,這些區別嘗試堅持神相對於造物是自由的,而神的自由正是祂為了關係的自由。但如果我們容許那些區分侵蝕神「向內」(*ad intra*)和「向外」(*ad extra*)的一致性,或者藉著提出有**非關係性**(形而上)的神的屬性,在神的本質和存在之間作出區隔,那些區分可以很快便變得不正確。聖潔的屬性尤其難以吸收進那絕對-相對的系統之中,這樣會暴露這個系統的嚴格限制。因為好像絕對的屬性一樣,聖潔強調神的超越;而好像相對的屬性一樣,聖潔也吸引人留意神身為世界的創造者、復和者和成聖者的工作。因此聖潔是馬敦森(H. Martensen)闡述的兩重規則的一個有力說明。那規則是:「沒有神的屬性是……不表達神對世界的關係的」;而且「沒有神的屬性……是不回到神自己的。」[26]

神是聖潔的,因此聖潔是神所有方法的特點;在祂所做的一切,祂都是聖潔的,祂不能夠不聖潔,就好像祂不能夠不是神一樣。由於神的一切方法都是充滿憐憫和真實的;由於祂的一切方法都是祂全能的運用;所以神的一切方法都是聖潔的。聖潔遍及神的所有工作;它是奧連(G. Aulén)所說的:「神這個觀念的背景和氛圍。」[27]在所有關於神的言談中聖潔都遍在,令有些人提出,聖潔不應該被視為獨立的屬性,在一系列神聖完美的展示中佔一席位;而應該首先被說明為它所是，在神所有屬性中的一個成分。[28]這裏的教義性本能是正確的，這樣安排材料也不是沒有優點。不過，需要小心處理這種本能，最重要的是避免被它引致將聖潔同化為神聖的自我存在，再次不單危及聖三一的聖潔的關係性特點；也在神轉向我們時，危及祂身為存有「本身」(*in se*) 的身分。正如克雷默這樣說這件事：「透過神的聖潔的啟示，神的真正神性成了真正的啟示…… (聖潔) 是認識和承認神，也是明白祂的旨意和行動的決定性屬性；對神所有其他屬性的知識也有賴這種屬性。如果我們看不見或不明白神的聖潔，便不能夠掌握神整個工作和行為。」[29]

V

身為聖父、聖子、聖靈，神是**在我們當中的聖者，祂建立、維持和完善與神聖潔百姓那公義的團契**。

讓我們總結一下到目前為止的討論。聖三一的神在轉向我們時為人所認識；因此，談論神的聖潔，就是根據祂那威嚴的自我溝通和拯救性同在而談論。神這位聖者是**在我們當中**的聖者。這對我們怎樣思想神的聖潔的重要結果是，神的聖潔這個觀念是一個**關係性**觀念。也就是說，它闡述的是神和祂的受造物之間的關係的來源、方式和目標。

在強調神的三一性聖潔的關係性特質時，我們不是將這屬性主觀化，將它轉為談論我們自己，以及我們對神的經驗和與神的交往。這樣說便是墮入某些網羅。自從十九世紀初偉大的改革宗神學家士萊馬赫 (F. Schleiermacher) 以來，西方神學便被這些網羅牽累。「我們歸於神的所有屬性，都應該被視為不是代表神某些特別的地方，而只是對絕對依靠的感覺和神交往的方式一些特別的地方。」[30]士萊馬赫的著名定義是要否定他所說的對神屬性的「猜測特性」(speculative character),並恢復它們的救恩論涵義。[31]但這種毫無爭議地值得讚賞的工作很快便被消除。因為在士萊馬赫特別謹慎地參照的地方,他的繼承人卻往往變成惟名論者,甚至抱懷疑態度。當神的屬性變為描述對神聖的宗教理解的主要方法時,理解便在文化和經驗上變得充滿,那麼神自己的存在最好也只能變為不確定,最糟則會成了空白、空無,我們便要忙於以我們發明的觀念填補。與此相對,談論神的聖潔實際上是顯示神的存在。但由於它顯示**這位**神的存在,基督教認信的三一神,它談論的不是從我們抽離的神,而是神的同在,祂在憐憫和恩典中轉向我們。神的聖潔讓我們知道的方式,是身為聖父、聖子、聖靈進入與我們的關係,並身為創造者、救主和使人成聖者與我們交往。這種關係——神這種轉向,這種憐憫的行動,在其中聖潔的神在絕對的自由中,確實將自己朝向我們——正是神向我們顯明祂自己的地方,因而也是祂的存在被得知的地方。聖潔的神是那在自己的工作中的一位,而祂的工作是祂身為創造者、救主和使人成聖者,將自己指向我們。以考慮這些工作為基礎——並惟獨以此為基礎——我們能夠辨別神的聖潔。

我們很難過分強調這種關係性特質,在掌握神的聖潔的本質時的重要性。我們很容易以為神的聖潔只是神的絕對他性和超越的一種方式——也就是,作為關係性的相反;關心的不是神**和**我們一起,而是神**遠離**我們。但跟從這條路卻是徹底誤解聖經的見證。神的聖潔不應該單被分辨為使神和我們遠離;相反,神是聖潔,正因為那威嚴、自由和有至高能力的一位在憐憫中俯就我們。神就是那聖者。但正如何西阿所說，祂是那在「你們中間」的聖者（何十一9）；或者好像以賽亞所說：「在你們中間的以色列聖者乃為至大」（賽十二6）。

因此，神的聖潔不單要連繫到祂的超越，也同樣要連繫到祂的俯就。用另一個方法表達：神的超越和聖潔的神俯就轉向世界和人類的自由並沒有不同，也不是在這種自由以外。尤其重要的是，要堅持神的聖潔和神是立約的神這個事實是不能分開的。神是**以色列**的聖者，意思是神是聖潔，正在於祂呼召一羣人作為自己的百姓，潔淨他們，在各種威脅中保護他們，令他們可以成為祂自己的產業。因此，利未記的著名命令——「你們要聖潔，因為我耶和華你們的神是聖潔的」（利十九2）——並不視神的聖潔單單是神的遠離或完全不同，而是視神的聖潔為在神創造立約的活動中被得知。彼得前書一章15節也採用了同樣的思想：「那召你們的既是聖潔，你們在一切所行的事上也要聖潔。」神的聖潔不能從神對一羣百姓的呼召中分離出來。神的聖潔實際上是揀選來立約，這揀選在神審判和復和行動中一再更新：

> 聖潔的神……身為揀選的那一位而行動，**那吸引別人到自己面前的一位**，那建立團契的一位——身為那帶來救恩和獻出自己的一位……那神聖聖潔、全然的他者，在那和神團契的實存中找到它最有能力的表達，這只有基於祂從自己，並在自由的愛中將被奴役的以色列族帶到自己面前，才成為可能。[32]

聖潔和約這個不能切斷的連繫是十分重要的，因為它闡明神的聖潔怎樣不是抽象和對抗性的屬性，而是關係性的屬性，公義的神和祂百姓那自由和充滿憐憫的關係的基礎。

創造約的神的聖潔不能夠被闡述為彷彿只是一種道德上的純潔，令它不受任何污染。這個觀念當然包含真理：道德上的純潔包括分離；神和邪惡（因而神的百姓和邪惡）不能輕易有團契；神的聖潔表示祂「眼目清潔，不看邪僻，不看奸惡」（哈一13）。但如果我們看不見神的聖潔不單是在配合抽象的道德法則時正直，這部分真理便可能變成歪曲。在一七八〇年代上半葉，康德（I. Kant）主講「宗教哲學性教義講座」（*Lectures on the Philosophical Doctrine of Religion*）。期間他指出「理性作為聖潔的立法者，帶領我們到神那裏」，因為「聖潔是意志在道德上絕對或無限的完美。聖潔的存有必定不能夠受到和道德相反的最低傾向影響……這樣理解的話，除了神以外，沒有存有是聖潔的。」[33]但康德十分嚴重地誤解了神的聖潔的動力。部分原因是他將神變為只是外在於祂存有的道德法則的一致時刻，而沒有看到神自己是「一切聖潔的泉源」。[34]但原因也包括他看不見神的聖潔主要不是道德地立法，而是救恩性的。聖潔的動力是神拯救、使人成聖的同在的歷史的動力；聖潔作為「法律」，只在那同在建立的救恩羣體中才有意義。所以，再一次，神和邪惡的完全分離，應該在神和人交往的範圍內被理解。聖潔不是關係的對立。它沒有使神遠離不聖潔的人，將神封閉在絕對純潔的隔離中。相反，神的聖潔是神和不聖潔的人的關係的性質；身為那聖者，神不單繼續和人分離，也來到祂的百姓中，潔淨他們，使他們為祂所擁有。談論神的聖潔，顯示至高的神怎樣和人**交往**。身為聖者，神審判和否定罪。不過聖潔的神不是從遠處以抽離的立法者的身分這樣做，而是在聖子的復和使命，以及使人成聖的聖靈的傾出中這樣做。也就是說，神在祂三位一體與人類**團契**的行動中實現對罪的破壞。祂在那團契中，透過背負墮落的造物的處境，譴責、赦免和潔淨；以至高的威嚴向我們的危險揭示祂自己。只有這樣，祂才結束我們的不聖潔。神對「罪的積極反對」因而在救恩計劃中，作為「審判和恩典的統一」而被認識。[35]

正是在這點，基督教對神的聖潔的神學論述會進入對神三位一體本質的討論。三位一體的教義以神創造、救贖和完成為基礎，告訴我們神是誰。這樣，它是對抗一個所有神學都面對的試探的重要方法。那個試探就是限制或縮減神和世界的關係的範圍，只使神和一種關係模式產生關連。關於對這件事的三位一體式論述，談論神的聖潔顯示神和世界的關係，是我們可以在祂全部的工作中辨別出來的。最重要的是，三位一體的教義防止對神的聖潔作抽象的論述——「抽象」的意思是脫離留意神的身分而發展，這個身分在神身為聖父、聖子、聖靈的救恩計劃中，三重地重複自己而製定。因此，身為聖父，神是從所有永恆意願和計劃中將人類分離為聖潔的百姓，預定要與祂團契。身為聖子，神透過拯救人性脫離它的污染和被不聖潔束縛，實現這種將人類分離。身為聖靈，神透過使人類成聖，將他們引入與聖潔的神的團契，完成和完善那分離。只有這種對神的聖潔的三一式論述，才能夠在神的聖潔的關係性品格中，藉著揀選、分離和淨化，真正公平地對待神的聖潔的品格。實際上，三位一體的教義在這個環境中所做的，是闡述神的聖潔怎樣在祂創造約和維持約的行動中被認識。以賽亞重複地將神身為聖者和神身為救贖者和救主這些觀念放在一起(賽四十一14,四十三3,四十八17,四十九7):「你的救贖主,就是以色列的聖者」。神的聖潔正是在祂的憐憫,在祂來幫助祂的百姓,在祂承擔他們的目標,在祂背負他們的罪,在祂潔淨他們,以及在祂將他們連結到祂自己的生命中被認識。

簡單來說,這一切就是以下這句話的意思:身為聖父、聖子、聖靈,神是我們中間的聖者,祂建立、維持和完善與神聖潔的百姓的公義團契。這可以被稱為神「積極的」(positive)聖潔——成聖層面上的聖潔。正是在這個範圍內,我們可以最合適地進而討論甚麼可以稱為「消極的」(negative)聖潔,也就是聖潔作為一種破壞邪惡的純潔。神的聖潔是無偏差的目的性,神以它來確保祂對人類的旨意不會被邪惡破壞。身為聖者,三一神在工作,確保受造的人類的目的——我們稱為「與神的公義團契」——會得以達成,不容許罪令受造物毀滅和受到破壞。因此,神的聖潔和祂立約的信實是不能分開的。祂立約的信實是不敗的決心,令受造物能夠繁盛並達成它的目的。這決心部分是神的聖潔反對不聖潔的事物。不聖潔的事物就是在神旨意以外的事物。那不聖潔的是荒謬的事情,在其中受造物試圖成為和神的計劃不同的受造物;因此,不聖潔是一種方法,在其中受造物——正是藉著試圖不再作為受造物,自己作主——試圖毀滅自己。對這不聖潔,神的聖潔是堅決對抗的。但我們不能夠將這對抗的一刻孤立出來;我們不能夠將它從神和人類的交往那更大的範圍裏抽出來,變為那圖畫的惟一特點。這樣做會令談論神的聖潔變成對抗不聖潔的某種理論或抽象原則，錯過了談論神的聖潔的重點，看不見神的聖潔這消極一面的真正目的。這樣思想神的聖潔，不能夠追溯關係中的聖潔的歷史。在那歷史中，神的聖潔將自己理解為聖父為了受造物的公義旨意，在聖子背負罪及復和的工作中體現出來，並在聖靈潔淨那些已經與神復和的人時伸展到我們裏面。正是藉著這歷史——而不是藉著任何不能褻瀆的潔淨的概括、非位格性觀念——聖潔理性在有關神的聖潔的事情中得到指導。神的消極性聖潔是神積極性聖潔的破壞性能量；它是三一神的聖潔。這位神——正是因為祂的旨意是支持受造物——必須消滅所有阻礙受造物與神的生命的事物。神的聖潔毀滅邪惡的原因，和我們人類消滅疾病的原因一樣：因為它攻擊受造物的繁盛，並有礙於我們的幸福。正如消除疾病的目的是健康，消除不聖潔的目的是受造物的成聖，也就是受造物在和神公義的團契中有整全的生命。

因此，在這種連繫中，我們需要明白神的聖潔和神的忌邪之間的關連。「我耶和華你的神是忌邪的神」（出二十5）。教義學嘗試將這裏表明的事作觀念上的解述時，很容易墮進陷阱。談論神的忌邪可能將神表述為偶像，好像一個審判者的角色，對自己的尊嚴有相當強烈的感覺，祂的自愛很容易受到傷害；這也可能暗示，神好像任性的孩子那樣有妒忌心，嘗試擁有和控制整個世界。但神的忌邪並非這樣，因為那是神聖三位一體的忌邪。神的忌邪肯定是卜仁納（E. Brunner）所說的「一種積極的自我區分，有意志的能量，神以它來主張和維持一個事實：祂是和其他一切不同的全然他者（Wholly Other）。」[36]但神這「有意志的能量」（willed energy）不是和祂對受造物的目標的直接性分離的自我存在。正是和神一起的意志的能量，在祂所有工作和朝我們走的路中指示祂。三一神的忌邪是祂的目的性，是祂拒絕藉著容許受造物為自己定下生活的條件，放棄受造物的利益。當然，神的忌邪是神對所有妨礙祂旨意的事情的激烈反對；身為忌邪的神，神克勝，沒有甚麼能夠阻擋祂的路。但這種忌邪的聖潔，正是因為對抗和破壞我們的邪惡，所以能夠確保我們繁盛。以西結這樣說：「我要使雅各被擄的人歸回，要憐憫以色列全家，又為我的聖名發熱心」（結三十九25）。神的忌邪是祂在挽回和憐憫的工作中的聖潔，在我們被耶穌的血清洗（約壹一7），在聖靈裏被洗淨、重生和更新，從而得以成聖中（多三5）。正因為「神的聖潔是祂的完全他性，祂與其他一切完全不同……這聖潔……積極地在祂確立和祂不同的造物的良善時……表達出來」。[37]

我們可以藉著就到目前為止對三位一體的不可分開、聖潔和立約所說的話，提出一個更明顯的三一性陳述，將這些線索連結起來。神聖的三位一體在救贖和聖化聖潔的百姓這工作中被認識。聖潔的神是**與**我們一起的神，是**為**了我們的神。以三位一體的詞彙來說，會得出好像這樣的東西：聖父上帝是為了自己計劃一羣人的那一位。因此，聖父的聖潔是祂為自己計劃一羣人，從永恆保證以色列和教會的象徵會得到確立，就是受造物與神團契。以弗所書告訴我們，神和我們主耶穌基督的父：「從創立世界以前，在基督裏揀選了我們，使我們在他面前成為聖潔，無有瑕疵」（弗一4）。聖子上帝俯就轉向世界，在恩典中成為世界的救主和救贖者。因此，聖子的聖潔是祂拯救那些聖父計劃要與祂團契的人的工作。祂懷著充滿憐憫的友誼，幫助患病、有罪和受污染的人類。在聖潔的團契中，祂代替我們的位置，背負我們的罪，將我們從罪的污染中釋放出來。身為聖子，聖潔的神體現祂的憐憫，救贖以色列和教會，並在它們裏面，救贖人類脫離罪的威脅，重造彼得前書所說的「聖潔的國度，屬神的子民」(彼前二9)。因此，聖子的工作是使我們復和，將我們「聖潔，沒有瑕疵，無可責備」地獻給聖父(西一22)。聖靈上帝藉著將受造物的生命和基督的生命連結起來，完成這使受造物聖潔、完全的工作，在受造物中實現為受造物成就了的事情。因此，聖靈的聖潔在祂使人成聖的工作中被認識。正如保羅在哥林多前書說：「你們奉主耶穌基督的名，並藉著我們神的靈，已經洗淨，成聖……」(林前六11)。那麼，聖潔的神是誰？就基督徒的認信來說，祂是這一位：三一的聖者，在啟示錄中及在教會的禱告中受到這樣的敬拜：

> 聖哉！聖哉！聖哉！主神是
> 昔在，今在，以後永在的全能者！(啟四8)

神學作為聖潔理性的運用，是重述那讚美的呼喊。

不過，如果在受造物說出神的聖潔，那重述不思想神在受造物中的工作，那重述便不可能完整。作為結束這個對神的聖潔的三一論述，我們會完成從神的聖潔的傳遞到聖徒的相通——既在他們的共同生活，也在他們的個人生活中。愛德華滋說：「由於聖潔有無限的泉源、道德優點和優美，因此它應該在溝通的聖潔(communicated holiness)中流溢出來」。[38]我們會在下一章討論這崇高的事情。

註釋

1. 比較J. Calvin, *Institutes of the Christian Religion*, I.x.2, ET John T. McNeill 編，F. L. Battles 譯，Library of Christian Classics XX (Philadelphia: Westminster Press, 1960), pp.97～98。
2. Calvin, *Institutes* I.x.1 (ET p.97).
3. P. Tillich, *Systematic Theology*, vol. 1(Chicago: University of Chicago Press, 1951), p.215.
4. 例如：A. Kenny在*The God of the Philosophers* (Oxford: Clarendon Press, 1979) 中討論神的屬性時，集中討論遍在和全能；「其他屬性，例如公義、憐憫和愛對信仰宗教的人有更明顯的意義；但對哲學探究和分析卻沒有那麼直接的關係」(頁5)；留意分析性方法的限制性，這種方法不能夠令積極的宗教信仰和實踐有多大的哲學意義，因而需要限制自己在不由任何特定的人研究對一個神的信仰。斯溫伯恩(R. Swinburne)在將神的屬性化約到可能的最簡單形式時，同樣略去聖潔的觀念的力量。根據他的做法，所有神的特性都「依從一種最簡單的特點，我會稱之為純粹、無限、有意圖的能力」：*The Christian God* (Oxford: Clarendon Press, 1994), p.151；這種形式定義的影響是分解出一種分別，是會由神聖存有從神聖行動中的一種物質或方向性決定產生的。其他處理神的屬性時沒有討論聖潔的論述包括：R. M. Gale, *On the Nature and Existence of God* (Cambridge: Cambridge University Press, 1991)；E. R. Wierenga, *The Nature of God: An Inquiry into Divine Attributes* (Ithaca, NY: Cornell University Press, 1989)；J. Hoffmann and G. Rosenkrantz 編，*The Divine Attributes* (Oxford: Blackwell, 2002)。
5. 有關在對神的物質性定義中，神的本質和神的存有之間的關係的重要性，參 E. Jüngel, *God as the Mystery of the World* (Grand Rapids: Eerdmans, 1983), pp.100～109。
6. 這裏參 M. Buckley, *At the Origins of Modern Atheism* (New Haven: Yale University Press, 1987)。
7. C. Schwöbel, *God, Action and Revelation* (Kampen: Kok Pharos, 1992), p.47；比較 C. Gunton, *The Christian Faith* (Oxford: Blackwell, 2002), pp. 188～191。
8. Schwöbel, *God, Action and Revelation*, p.50.
9. 對比潘霍博(W. Pannenberg)的論據。他認為將「神」這個詞用作謂語，是先於它的名詞性使用，也構成這使用的基礎。參 *Systematic Theology*, vol. 1 (Grand Rapids: Eerdmans, 1991), pp.67～68, 70n. 21。
10. Augustine, *De Trinitate*, VI. iv. 6(譯文為本書作者新譯)。
11. Augustine, *De Trinitate*, VI. iv. 6.
12. H. Heppe, *Reformed Dogmatics* (London: Allen & Unwin, 1950), p.59.
13. C. Hodge 在 *Systematic Theology* (London: Nelson, 1877), vol. 1, pp. 371～374 中對否認神的屬性之間有任何真正區別的危險提出了敏銳的討論。
14. P. Mastricht, 轉引自 Heppe, *Reformed Dogmatics*, p.60。

15. E. Jüngel, 'Theses on the Relation of the Existence, Essence and Attributes of God', *Toronto Journal of Theology* 17 (2001), p.66.
16. Jüngel, 'Theses', p.66.
17. D. Staniloae, *Orthodox Dogmatic Theology: The Experience of God* (Brookline: Holy Cross Orthodox Press, 1994), p.223.
18. 比較 G. von Rad, *Old Testament Theology*, vol. 1 (Edinburgh: Oliver & Boyd, 1962), p.206，關於以色列的聖潔怎樣「更有力地依附在耶和華本身」。
19. T. Tracy, *God, Action, and Embodiment* (Grand Rapids: Eerdmans, 1984), p.19.
20. Tracy, *God, Action, and Embodiment*, p.20；比較 Schwöbel, *God, Action and Revelation*, pp.58～59。
21. Jüngel, 'Theses', 3.7.1, 3.7.2, 5.5.1；比較 W. Krötke, *Gottes Klarheiten: Eine Neuinterpretation der Lehre von Gottes 'Eigenschaften'* (Tübingen: Mohr, 2001)，他提出「神每一個屬性都必須根據神朝世界的運動展開，因為它是耶穌基督的歷史中的一件事件，而且依然是聖靈中的一件事件」(頁114)。
22. von Rad, *Old Testament Theology*, vol. 1, p.205.
23. H. Bavinck, *The Doctrine of God* (Edinburgh: Banner of Truth Trust, 1991), p.213.
24. 從這個觀點，人們可能對斯特尼洛阿耶在關於聖潔作為聖三一的一種素質——是「否定式和不能定義的」，因而可以正確地稱為「超聖潔」(“supra-holiness,” Staniloae, *Orthodox Dogmatic Theology*, p.222)——和聖潔作為神與造物之間所作的區分提出疑問。雖然斯特尼洛阿耶確實進而承認，「在世界顯明的聖潔，神裏面的超越和啟示，高升和俯就都啟示了出來」(頁222)，平衡威嚴和關係的困難仍然未解決。同樣，田立克提出聖潔作為關係是「自相矛盾」的：

    > 神那不可親近的特點，或者以關係這個詞的真正意義來說，不可能和祂有關係，由「聖潔」這個詞表達出來。神絕對是聖潔的，任何和祂的關係都涉及一份知覺：和聖潔的那位有關係是悖論。神不能夠成為知識的客體或行動中的伙伴。如果我們談及——正如我們必須做那樣——神和人之間的自我－你關係，那你擁抱那自我，結果擁抱整個關係……最終，好像談論其存在或不存在是可以討論的客體那樣談論神，是對神聖聖潔的侮辱。將神當為伙伴，是我們可以與其合作；或者將神當為超級的力量，是我們可以透過儀式或禱告施加影響；都是對神聖聖潔的侮辱。神的聖潔令我們不可能將祂帶入自我－世界和主體－客體關係之中。祂本身就是這種關係的基礎和意義，而不是其中的一個元素 (Tillich, *Systematic Theology*, vol. 1, pp.271～272)。

    但由於田立克的論述並非由對神和造物的關係的三位一體論述所支持，他的論述傾向將內在和外在的聖潔兩極化；沒有論述三一神那自由的相關性，惟一避免將神聖聖潔內在化的是「悖論」這個在教義上簡單的觀念。卜仁納以類似的抽象詞彙談及「聖潔和愛的辯證」(E. Brunner, *The Christian Doctrine of God: Dogmatics*, vol. 1〔London: Lutterworth Press, 1949〕, p.163)。

25. 這種關係不能夠透過非位格性形而上學的類別來陳述，而需要位格性媒介和作為不能化約的歷史關係的語言。多恩納(Izaak Dorner)在他(在其他方面值得欣賞)對舊約中神聖聖潔的處理指出，聖潔「不單是神否定或超越的屬性，在世界的實現中也有正面價值」(I. Dorner, *System of Christian Doctrine*〔Edinburgh: T & T Clark, 1880〕, vol. 1, p.322)；但他接著(頁323)以非位格的詞彙表達這種聖潔的傳達：「它藉著應用它的靈魂——聖潔——到在世界中傳播自己，創造一種新的屬靈生命」——留意從位格性關係中傳遞出來在略去神和世界的區別(當然，因而也略去那關係)方面的即時影響。潘霍博也以相似的方式採用一種黑格爾式的框架來闡述神聖聖潔，提出一種「聖經對神的聖潔所説的話，以及那真正無限的觀念之間在結構上的類似。只是有限的否定的無限，仍未真的被視為無限(正如黑格爾顯示)，因為它是從另一東西界定出來，也就是那有限……只有當那無限超越本身作為有限的對照，那無限才真的是無限。在這個意義上，神真的是無限，因為它是相對於世俗，不過它也進入世俗世界，穿透它，令它聖潔」(Pannenberg, *Systematic Theology*, vol. 1, p.400)。這裏缺乏聖潔的語言作為意志的關係是令人驚訝的；潘靈博對「神作為靈的本質」的言談表達「那事實：超越的神本身的特點是有必須的運動，引致祂入侵和祂不同的，並讓它分有自己的生命」(頁400)，這是向一個頗為不同的方面運動。

26. H. Martensen, *Christian Dogmatics* (Edinburgh: T & T Clark, 1898), p.92.

27. G. Aulén, *The Faith of the Christian Church* (London: SCM Press, 1954), p.121.

28. 例如 E. Schlink, *Ökumenischc Dogmatik: Grundzüge* (Göttingen: Vandenhoeck & Ruprecht, 1983), pp.760～761；Krötke, *Gottes Klarheiten*, p.116。

29. H. Cremer, *Die christliche Lehre von den Eigenschaften Gottes* (Giessen: Brunnen-Verlag, 1983), p.45.

30. F. D. E. Schleiermacher, *The Christian Faith* (ET Edinburgh: T & T Clark, 1928), p.194。有關當代一個複雜的等同觀念，參 E. Farley, *Divine Empathy*。艾伯靈(G. Ebeling)嘗試將士萊馬赫理解為「關係性」而不是「主觀性」，但我並不同意這個見解。參'Schleiermachers Lehre von den göttlichen Eigenschaften', 收錄在*Wort und Glaube* II (Tübingen: Mohr, 1969), pp.305～342。

31. Schleiermacher, *The Christian Faith*, p.195.

32. Schlink, *Ökumenische Dogmatik*, p.761.

33. I. Kant, *Lectures on the Philosophical Doctrine of Religion*, 收錄在A. W. Wood 及 G. di Giovanni 編*Religion and Rational Theology* (Cambridge: Cambridge University Press, 1996), p.409。

34. Mastricht, 轉引自 Heppe, *Reformed Dogmatics*, p.93。

35. Cremer, *Die christliche Lehre von den Eigenschaften Gottes*, p.36.

36. Brunner, *The Christian Doctrine of God: Dogmatics,* vol. 1, p.160.

37. Gunton, *The Christian Faith*, p.49. 阿姆斯特朗(J. Armstrong)在 *The Idea of Holiness and the Humane Response* (London: Allen & Unwin, 1981)的論證有一個基本弱點：它不能夠辨別聖潔和維持受造物的目標之間的聯繫；這失敗帶來一個宣稱：在聖經傳統中，我們發覺「聖潔是絕對集中的力量」(頁15)——阿姆斯特朗所説的「神聖主義」(sacralism)——以及那「完全發展的聖潔許可，不，是要求，神聖的種族滅絕」(頁94)。這本書在釋經和歷史的荒謬背後有一個嚴重問題，但它的傾向性模糊了它的力量。

38. J. Edwards, *Dissertation I. Concerning the End for Which God Created the World*, 收錄在*Works, 8: Ethical Writings*, (New Haven: Yale University Press, 1989), p.433。

3

教會的聖潔

I

前一章論述了神的聖潔的三一教義學。那論述的中心是宣稱神的聖潔是祂和祂的造物的關係的一個方式：三位一體的聖潔在神說出祂的聖名，以及在崇高的自由中，實現祂身為創造者、復和者和完成者的工作時被認識。聖潔是描述榮耀的三而一那創造和維持約的同在的一種方式。由於這樣——由於聖潔在神身為創造的聖父，即使在公義中反對我們的罪時仍然身為復和的聖子，以及身為使人成聖的聖靈朝我們的運動時被認識——論述神的聖潔如果不注意神那聖化的同在出現在其面前的受造物，便是不完整的。基督教神學的一條基本規則是，神的教義如果**只是**神的教義，便不是基督教的神的教義。由於基督教神的教義是聖三一在創造、復和及完善的計劃中的自由的崇高被認識，如果闡述這種教義的任務只談及神本身（*in se*），便是未完成的；因為神在祂三一存有的深度中，絕對是為我們的神，與我們一起的神，祂的憐憫引發人和祂有團契這個奇迹。基督教神學總有一個雙重主題，在它所有對應神聖三位一體生命中的自我存在和捨己這身分的事物中，都有一種二重性。

為神的聖潔提供教義學的論述，這表示處理神的聖潔，必須包括處理聖徒的聖潔，也就是說，教會作為聖徒相通的聖潔，以及個別基督徒身為「在基督耶穌裏的聖徒」（腓四21）的聖潔。接著兩章會用來描述這個主題，首先探討教會作為聖徒的團契，然後探討信徒的成聖生命。

II

不過，開始時，我們需要問一個問題。驟眼看來，這個問題似乎純粹是形式或程序，但實際上卻很快便帶領我們到達一些主要實質的問題的核心。這個問題是：我們怎樣從神的教義，轉向教會的教義？神學本身和教會學以甚麼具體的方式有關連？事實上存在這種關係，而且它可以構成關於教會本質的神學言談，是近年好些三一神學的負擔，特別是那些社羣性三一論（social trinitarian）的思想，這些思想強調神聖三位一體應該被視為一個位格的社羣，不單由祂們的位格性關係構成，也在與教會這個人類團體仁慈的關係中流溢出來。社羣性三一論對我們理解人類共同的生活——無論是政治還是在教會裏面——的豐富資源，一直都得到很多強調。聖父、聖子、聖靈的相關性，被視為教會的基礎或模範；而教會也從而被視為在時間中實現人類對社會的使命。因而透過它仁慈地參與神三位一體的生命，成為復和在社會中的延展。作為對社羣三一神學這個方面的回應，可以有很多話說；但就我們的目的來說，我們可以在開始時提到兩個保留。

第一個是，這樣論述教會的生命，作為參與神的相關性，或這種相關性的形像，對神自由的崇高給予的注意特別不足夠。教會那仁慈或奇迹般的性質，它和令它存在的神那完全的工作的全然不同，往往在某程度上因為被參與的語言經常輕易或沒有困難地運用而受損。很多現代教會學那黑格爾色彩都是相當明顯的，那些在教會學和神的教義中插入其他成分的人也不大抗拒這種色彩。

第二個相關的保留是關於這樣論述教會和神三一生命的關係，怎樣暴露出傾向神聖的內蘊。我們從這種教會學怎樣特別強調神的行動和教會的行動的連續性可以看到這點。這種強調的方式很容易危及我們對神工作的自由和完美的感覺。這種教會學可能過分強調教會作為中介，並相應地減弱了教會作為神恩典的受造物，在其核心的被動性。因為如果教會的存在是參與三位一體神聖社羣的生命，那麼三一神的工作便會在教會的工作中實現，並在重要的意義上，在教會的工作中延續。實際上，這構成教會學的一種取向，令教會的工作實現或分享神聖的同在和行動，而不是見證那同在和行動。簡單來說，當教會被視為進入神聖工作的活動時，希伯來書九章26至28節那重複的「一次」（*hapax*）——聖父、聖子、聖靈的工作那獨特性、那全然的完滿、完美和充足——便在某程度上受到危害。這樣的其中一個後果是，教會的聖潔不再是全然的不同，不再是宣告聖言的結果；而是在某個意義上被教會與神的團契（*koinonia*）、它和聖三一的互滲互存關係注入教會中。

我希望在這裏就三位一體教義和教會的聖潔的教義之間的關係提供的論述，有頗為不同的外觀。最重要的是，這是因為它令揀選的奇迹成為教會的存在和本質的中心。參與的社羣性三一論語言強調神和教會的行動的連續性，甚至共同的固有性；揀選的語言卻要求人們注意教會怎樣在神的恩典那恆久新鮮的工作中得到它的存在。教會在它透過復活的基督和聖靈實現聖父的旨意，將聖民聚集在祂周圍而存在，在這不止息的恩賜中，教會成了它的樣子。我希望提出，只有這樣，我們才能夠在談及教會的神聖時，將它維持為**性質不同**（alien）的神聖，不能擁有的聖潔。不過，我們需要小心，以免在抗衡社羣性三一論教會學的黑格爾式傾向時反應過分強烈，將神和教會分為兩個分支。毫無疑問，教會的不同特質——它和神的完全不同——的確可以強調到一個地步，以致帶來的教會學變得靈意化和二元化：靈意化的意思是，我們看不見教會是人類歷史的社會；二元化的意思是它將神和人類羣體兩極化，令神成為純粹超越的實體，和人類的社會時空沒有任何關係。不過，要抗衡這些危險，不是將神和教會的人類歷史實存之間的區別侵蝕；這樣處理這個危險不會解決，而只會重複那個困難。最有效的對抗方法是：為聖潔教會的本質和行動，提供一個有紀律的神學描述；也就是說，在這件事中由福音引導我們的思考。福音的紀律會要求我們同時說教會的聖潔是真實和實際的，是共同人類和行動的一種可感知形式，而且教會的存在和行動，都只是在它們裏面有作為聖潔的神的工作和話語的基本參照時，才是聖潔的。教會是聖潔的；但它是聖潔，不是藉著某種對神的聖潔的本體性參與，而是藉著它蒙神呼召，它接受神的好處，以及它在信仰上的順服。和它的合一、大公性和使徒性一樣，教會的聖潔是：它本身完全倚賴神的憐憫。

III

要更詳細地闡釋這點，我們首先討論教會聖潔的基礎。用命題的形式表達：

教會的聖潔建基於聖三一揀選、復和及完善一羣百姓的工作，令他們成為神立約的伙伴和聖徒的團契。

這是甚麼意思？

有一個教會。在人類時間和社會這個模糊的國度裏，存在著一個集會，一個男人和女人的聚會，他們構成立約的百姓和聖徒的團契。他們的共同生命是一個標記，證明事實上有一個人類對神聖呼召的回應；對神聖的自我發言——「我要成為你的神」——的確存在對應的人類實存，神的百姓聚集在一起。但這種聚集的存在，完全是出人意表的。它並非建基於任何人類的可能性。事實上，從人類歷史這邊來看，它只是完全的不可能，因為人類時間的共同體在罪和疏離的支配下，極力對抗神，拒絕祂復和的呼召。除了神以外，人類歷史充滿那蒼白、疏遠、傾覆的人羣，他們稱為「非子民」（彼前二10：*ou laos*；比較何二23）。但在福音的認信裏面，包含一個宣稱：現在存在「神的子民」（*laos theou*）這個不尋常的事實。有一種共同的人類生命的形式，是只能夠被描述為神聖的國家，由神擁有的人民（彼前二9）。這種聖民存在，並在時間中得到保存，沒有約化為疏離和憎恨，在這裏罪受到控制，不獲准蠶食人類的團契——這一切都惟獨掌握在聖潔的神手中。

以更正式的教義學語言表達：所有關於教會的聖潔的談論，都是植根於關於神的聖潔的談論。祂——那聖潔的三而一，祂所是和祂所做——是教會存在和堅忍的基礎。在談論教會的聖潔的基礎時，關於神的語言需要是**運作性**（operative）語言：在論述教會的整個歷史和它的所有活動，包括它的聖潔時，這種關於神的語言是至為重要的。神不單是教會的起始因，也不單是它的遙遠目標；而是教會存在，因為神存在。教會是聖潔的，因為神是聖潔的。因此，「教會的聖潔」(*sanctitas ecclesiae*) 的核心是「被動的聖潔」(*sanctitas passiva*)，信心信任地倚賴和參照三一神的工作：

> 有關它的聖潔，羣體是連結到（基督）的……只有在祂不斷定意將自己與教會連結，並確實將自己與教會連結的程度上。祂總是主體，那位主，教會行動的聖潔的賜予者。這樣，教會的行動只能夠是尋找，追求聖潔，並為之禱告。[1]

我們可能會問，為甚麼三一神是教會聖潔的基礎？要回答，我們可以稍為停下來，看一看原型三一神學——以弗所書——權威的宣告對這一點的闡述。[2]在那裏，教會的聖潔首先建基於聖父揀選的活動。「願頌讚歸與我們主耶穌基督的父神，他在基督裏，曾賜給我們天上各樣屬靈的福氣。就如神從創立世界以前，在基督裏揀選了我們，使我們在他面前成為聖潔，無有瑕疵」(弗一3～4)。從以弗所書第一章的整體內容來看，我們可以視開頭這幾節經文的這個陳述，為傳達一個雙重的肯定：聖潔的基礎是揀選，而揀選的目標是聖潔。如果存在人的聖潔領域，如果聖潔有持久的人類和社會形式，那形式便要追溯到它的生發性來源。那是在神和我們主耶穌的父的揀選活動中，並濃縮為一個詞：「祂揀選」(*exelexato*)。但和這一起的是：如果有恩典的揀選，那它不僅是自我封閉的神聖活動，而是人類歷史一個移動的力量；但它的目的 (*telos*) 是重新創造神聖潔的子民，使他們和祂連結，作為對祂自己的聖潔的迴響和見證。換句話說，揀選和成聖是連結在一起，不能分開的。[3]正如加爾文說：「神的永恆揀選，是我們的呼召和我們從神接受的所有好處的基礎和第一因……聖潔、純真和人裏面的每一種德行，都是揀選的果子……我們生命的所有聖潔和純真都源自神的揀選。」[4]而雖然揀選的「主要設計」是「神的榮耀」，不過，對加爾文來說，天父的揀選活動，存在著一個重要的即時和從屬的設計，也就是「我們的成聖」。[5]

我們對教會的聖潔的理解一個重要結果已經開始浮現。教會聖潔的動力不是自然的分離和聯合，而是由神揀選、分隔和聚集。神的聖潔子民是一種共同生活的形式，它的來源在它本身的決定和行動以外，完全無償地排除對「人自己所有的一切」的考慮。[6]成聖的羣體的來源和持續都不是自主的聚集；在存在的每一刻，它都是恩典的受造物。因此，它生命的動力絕對不是出自我發動的。神使教會分離。教會並不使自己分離，因為它既沒有命令，也沒有能力這樣做。事實上，試圖這樣做就是褻瀆，因為這是試圖以人的行動重複單屬於神的揀選工作。教會的聖潔是神聖決定的結果，不是任何將「純潔」的羣體從「不純潔」的羣體分別出來的人類活動。在這方面，教會的真正聖潔實際上和純粹人的社會性派系主義相當不同。無論是新約時代的教會或當代的基督教，如果視聖潔為僅僅是一種社會或種族的數量，都錯失了重點。[7]只有神是聖潔的；只有神可以揀選教會；只有蒙揀選的教會才得以成聖。因此，教會的聖潔是建基於天父上帝的揀選。

第二，教會的聖潔作為揀選的目標或「從屬設計」（subordinate design），是在聖子的復和工作中確立的。聖子潔淨教會，令教會得以聖潔。「基督愛教會，為教會捨己，要用水藉著道，把教會洗淨，成為聖潔，可以獻給自己，作個榮耀的教會，毫無玷污皺紋等類的病，乃是聖潔沒有瑕疵的」（弗五25～27；也參林前一2；腓一1）。以弗所書第一章已經告訴我們，聖父的旨意在「促成」（弗一9）聖父的目的的聖子裏面生效。如果我們問，聖父使教會成聖的目的怎樣在聖子裏面生效，以弗所書給我們一系列觀念：救贖（弗一7）、赦免過犯（弗一7）、使親近（弗二13）、犧牲（弗五2），以及接近以弗所書第五章結束時的洗淨（弗五26）。在這裏，洗淨這個比喻扼要地説明基督整個拯救工作：耶穌基督在祂的死和復活中的客觀工作，那是神戰勝罪和結束罪污染人類的行動；以及耶穌基督在「以聖言用水洗淨」的應用性工作，也就是在水禮和福音的應許之言中。而且，那工作是有目的的——獨特、不重複、不能參與，但仍然引發人類行程，是一種社羣性的形式。加爾文指出，洗禮有一個「目的」；那目的是雙重的：分別出來，或者我們可以稱為「被動成聖」（外在的標記是水禮，作為神應許可見的肯定）和「主動成聖」，因為水禮的目的是「我們可以聖潔和無可指摘地向神而活」。[8]

第三，教會的聖潔是揀選的目標，在聖子復和的工作中確立，並由聖靈完成。透過聖靈的工作，教會蒙揀選和洗淨，被變為神的居所：教會「靠他聯絡得合式，漸漸成為主的聖殿。你們也靠他同被建造成為神藉著聖靈居住的所在」（弗二21～22）。聖靈的工作是「完成」，也就是將在揀選中定意，並在復和中確立的實存帶到完全或全面實現。聖靈是神自己將復和的設計完成，這設計的目標是在祂自己和受造物之間應該有立約的團契。祂創造了受造物，並藉著吸引他們和祂建立關係，救贖他們。這裏的語言——「復和」、「團契」、「關係」——是刻意使用的：這不是參與的語言。「在主裏」和「在聖靈裏」並不表示神和教會之間有存有的聯合（union of being）。它們所指的不是本體性的相通，而是救恩論和它的果子；它們顯示那拯救的神聖媒介，祂創造和再創造神與受造物之間的團契，在教會中預期，而教會是神的「居所」，也就是一種共同生活的方式，在其中約的恢復在工作。聖子工作的目的（*telos*）是結束疏離（弗二12），拆毀人類領域之內（猶太人和外邦人）敵對的牆，並垂直地使人與神復和（弗二16）。這復和的工作指向它由聖靈完成——但當然不是在此時此地完成。聖靈不單帶來與天父上帝的更新關係（弗二18：「我們兩下藉著他，被一個聖靈所感，得以進到父面前」），也更新人類的團契，令我們「和眾聖徒進入團契」（弗二19）。重要的是，完成使教會成聖的工作，不是教會自己負起的任務；加爾文說，以弗所書第二章結尾時一再重複「藉著聖靈」，部分原因是要「提醒他們，沒有聖靈的運行，所有人類的力量都是沒有用的。」[9] 總括來說，如果存在立約的百姓和聖徒相通——如果聖父和人類同住的旨意得以實現，如果聖子復和的工作在共同生命的團體或形式中的人類生命和歷史中實現——那麼，那是因為教會「在聖靈裏」，藉著聖靈的中介，和藉著聖靈常新的降臨，在轉化的領域中存在，而在其中聖靈是主。

那麼，到目前為止，我提出教會聖潔的基礎，是聖三一的拯救工作。因此，教會的聖潔是外來的潔淨。由於教會是靠恩典得以聖潔，而由於恩典是關係的活動，而不單是交付一件商品；在教會的情況，給予聖潔並不是直接賦予一種素質。神的聖潔屬於祂自己；事實上，那是祂的，因為祂本來就是聖潔的。對比起來，教會的聖潔不是自然或文化狀況。和教會所有屬性一樣，教會就是它在屬靈上是甚麼，也就是，透過三一神的同在和行動。這是以弗所書二章8至10節為教會宣告的偉大本體論規則就聖潔的應用：「你們得救是本乎恩，也因著信，這並不是出於自己，乃是神所賜的；也不是出於行為，免得有人自誇。我們原是他的工作，在基督耶穌裏造成的，為要叫我們行善，就是神所預備叫我們行的。」在那裏，有簡單的指示講述了對教會的本體論所需要説的話。教會是它靠著恩典的所是。這包括否定在教會核心的媒介是教會本身的自發：「並不是出於自己……也不是出於行為」。它也包括一個肯定：教會核心的媒介是神的，因為教會是「神的工作，在基督耶穌裏造成的」。因此，教會的存在有正當的被動性。因為是**信心**——也就是承認、同意和信任神的聖言和工作；而不是**自誇**——也就是建基於自我、驕傲的才能；才是教會存在的基本行動。依從這個關於聖潔教會的構造的本體論規則，還有另一條關於聖潔教會的行動的規則：聖潔教會所有的行動都必須顯示對那位獨一聖潔者的指涉：那位揀選的聖父，祂在聖子裏與人復和，並在聖靈裏成全人。

因此，接著我們進而研究**聖潔的實踐**。這樣提到聖潔的神的工作，究竟有甚麼人類和社會形式？信心和沒有自誇怎樣成為共同生活的一種模式？要回答這個問題，讓我們進到下一個命題：

> 教會的聖潔在它的一切認信神——三一聖者，萬軍之主——的名的行動中可見。

IV

在研究教會聖潔的基礎時，我們的思想既由聖經文本引導，也指向聖經文本；在研究聖潔的實踐時，我們的思想可以從一個聖經以外的文本得到很有幫助的指示。這個文本來自很久以前，在教會的敬拜傳統中一直沿用，它就是通常稱為《謝主曲》（*Te Deum Laudamus*）的古老基督教聖詩。這首詩歌有時也被稱為《安波羅修與奧古斯丁頌歌》（Canticle of Ambrose and Augustine），因為相傳這首詩歌是在安波羅修為奧古斯丁施洗時，由這兩位聖人即席創作和輪唱的。這首聖詩很可能源自公元四世紀後期，在西方教會禮儀中一直都是晚課結束時唱的頌歌，而且被編入〈塞勒姆日課經〉（Sarum Breviary）的申正經（mattins）中，其後再收入安立甘宗的《公禱書》（*Book of Common Prayer*），而且一直都是安立甘宗公共崇拜的小寶庫的其中一部分。這首頌歌是這樣的：

神啊，我們讚美祢：我們承認祢是主。
全地都敬拜祢：永恆的父。
眾天使都向祢高聲呼喊：諸天和其中的所有執政的。
基路伯和撒拉弗向祢：繼續呼喊，
聖哉，聖哉，聖哉：萬軍之神；
天和地都充滿祢榮耀的威嚴。
使徒的榮耀隊伍：讚美祢。
先知的絕佳團契：讚美祢。
殉道者的高貴大軍：讚美祢。
全世界的聖潔教會：都承認祢；
聖父：有無限威嚴；
祢那可敬、真實：獨一的子；

以及聖靈：那安慰者。

基督啊：祢是榮耀君王。

祢是聖父永恆的兒子。

祢負起釋放人的任務時：沒有拒絕那童女的子宮。

祢勝過死亡的嚴厲時：為所有信徒打開天國的大門。

祢坐在神的右邊：在聖父的榮耀中。

我們相信祢會再來：作我們的審判官。

因此，我們向祢祈求，求祢幫助祢的僕人：他們是

祢以祢的寶血買贖的。

求祢使他們與祢的眾聖徒同列：在永恆的榮耀中。

主啊，拯救祢的百姓：祝福祢的產業。

引導他們：永遠抬舉他們。

日復日：我們頌揚祢；

我們敬拜祢的名：直至永遠。

主啊，俯允我們：保守我們今天不犯罪。

主啊，憐憫我們：憐憫我們。

主啊，讓祢的憐憫光照我們：因為我們信靠祢。

主啊，我信靠祢：讓我永遠都不會困惑。

這是一份崇高的文本，講述對全能神的讚美，尤其是拉丁語每一行開頭那些一再重複的榮耀呼喚（*Te*⋯）（可惜在英譯中不能夠保留下來），將崇拜者推向神那至高的輝煌，那位是基督徒讚美的中心的「祢」。這首聖詩分為三部分：向聖三一表達崇敬的行動；敘述基督的拯救工作；以及一套向基督發出的禱告，祈求祂來幫助祂的百姓。在詩歌的中心，我們看到這些講述聖潔教會的工作的話：

全世界的聖潔教會：都承認祢；
聖父：有無限威嚴；
祢那可敬、真實：獨一的子；
以及聖靈：那安慰者。

我認為，這行動——承認的行動，或者可能更好的是認信（*confiteor*）聖潔的神，這樣響應基路伯和撒拉弗那不住的呼喊——正是聖潔教會的基本行動。在這行動中，顯明教會的聖潔的基本特質。因為在認信的行動中，教會和眾先知、使徒和殉道者，以及所有生命被神的呼召改變的人一起，變成一個人類的羣體。這個羣體在認信主這位萬軍之神時是聖潔的。

為了擴展我們關於這點的思想，讓我們處理三個問題：

(1) 認信或承認有甚麼令它成為教會聖潔的首要事情？
(2) 聖潔的教會在認信三一神時承認甚麼？
(3) 教會的聖潔在甚麼認信實踐中變得可見？

(1) **認信或承認有甚麼令它成為教會聖潔的首要事情？**「神啊，我們讚美祢：我們承認祢是主……全世界的聖潔教會：都承認祢……」認信或承認是確認。那是一個行動，在其中那教會以外的一位的價值、尊嚴和良善得到確認，而那是祂絕對配得的。在認信中，教會只是同意神的真實，向神顯明的存有和工作說「阿們」：「耶和華是應當稱頌的，直到永遠。阿們，阿們」（詩八十九52）。這個意義上的認信不是教會存在中孤立或分離的活動。相反，在教會的整個存在和所有活動中，它都實踐出認信的基本結構——它在自己所是和所做的一切，都歡慶它是神憐憫的造物這個事實。由於這樣，教會的聖潔也在它認信的中心。我們已經看到，聖潔不是教會靜態的特質，而是運動或事件。那運動，那我們稱為教會的聖潔的歷史，是雙重的運動；或者可能更好的說法是：兩個不對等的實存之間的交往。教會的聖潔的歷史，包括以聖潔的神的俯就作為首要和基本的運動。祂充滿憐憫地揀選、形成和聖化聖徒相通。這歷史也包括聖徒團體一個從屬和派生的運動。這運動由神的憐憫激發，在聖徒團體中，並且藉著這個團體，聖父、聖子、聖靈的聖潔得到承認。教會的聖潔——和它的合一、大公性和使徒性一樣——以這恩典和認信的歷史的一部分發生。教會向神呼喊：「聖哉，聖哉，聖哉，主萬軍之神」時是聖潔的。

當然，這承認源自神自己。除非神張開教會的口，否則教會便不能夠認信。認信的源頭不在教會，而在神顯現自己為聖者，在神身為啟示者的溝通性同在中。啟示是製訂和宣告出來的救恩，聖潔和憐憫的三位一體那可見的手。啟示產生聖徒的相交，那些蒙召與長存的聖父、永恆的聖子和安慰的聖靈團契，在其中聖潔的人聚集在一起。只有以這神聖的志業和驅使為基礎，神的百姓才有可能說：「神啊，我們讚美祢」（*Te Deum laudamus*）。

(2) **聖潔的教會在認信三一神時承認甚麼？**聖潔的教會承認神。這樣得到承認的神是救恩工作的積極主體。祂是無限威嚴的聖父；真實和惟一的聖子，配受所有人敬拜；安慰者聖靈——在神將人類從罪的捆綁中解救出來的工作中顯明的三而一。教會承認這工作時，便實現了被神聖化這個目標。這樣做時，教會加入整個創造獻上的崇拜；因此在《謝主曲》中，我們得到一系列的陳述，由地面升到天上神的寶座:「全地都敬拜祢……眾天使都……高聲呼喊……諸天和其中的所有執政的……基路伯和撒拉弗」——所有這些分開的讚美結合起來,成為偉大的認信性(和神學性及形而上學性)呼喊:「天和地都充滿祢榮耀的威嚴!」

讓我們稍為詳細一點解釋:聖潔的教會承認那位有無限威嚴的聖父。神身為聖父的威嚴是祂存有、意志和工作的至高卓越,這威嚴的範圍無限,無法控制,沒有限度或謹小慎微,總是在任何地方都全然完備。這無限的威嚴並非孤立的屬性;而是神的本質的一個特點,是神本身的一切的特點。所以,神的聖潔也和祂的威嚴分不開;而正因為這樣,聖潔的教會藉著呼喊:「聖哉!」向有無限威嚴的聖父祈求。

聖潔的教會承認真實和惟一的聖子,配受所有人敬拜。整首《謝主曲》都以獲高舉的基督論作為特點,特別是在它敍述聖子俯就和高升的工作時,以致第二節開頭的「基督,祢是榮耀君王」(*Tu rex gloriae Christe*)在整首詩歌中顯得相當突出。這裏,在以聖三一作為教會讚美的對象的陳述中,焦點是那完成那工作,並在那工作中顯明的位格。這位被認信為真正是神的兒子——不是獲收養為兒子,在任何意義上都不是神生命的附屬,祂自己就是神聖身分內的一員,是「完全的神」(*vere Deus*),和聖父、聖靈是一個存有。祂是神惟一的兒子——是獨生的,和受造物完全不同,有永恆的來源,是「聖父永恆的兒子」,因此不是**受造**的。而且,身為這一切,祂因而「配受所有人敬拜」(*venerandus*),因為祂分有神的尊貴和榮耀,是天和地為之獻身的合適對象。

聖子這永恆的榮耀,在聖子在時間中的使命得以實現時闡明。「榮耀」和「使命」——聖子永恆和超越的威嚴,以及祂在受造物的歷史中實現聖父的旨意——在最嚴格的方式中有關連。在聖潔教會的認信中，聖子是榮耀的君王，聖父永恆的兒子；正是身為這一位（不是雖然祂是這一位），祂令人類可以脫離罪，有變得聖潔的自由。祂甘心完成這解救的工作，自己揹上這工作的恥辱，沒有從由女人而生中退縮，並被死的毒勾刺穿。而正因為祂做了這一切，祂的工作是克勝的工作：在其中，祂開放神的國度；完成了這工作後，祂帶著榮耀坐在天父的右邊。在那裏，祂等候成為萬物的審判者。

聖潔的教會承認安慰者**聖靈**。聖靈只是在結束時才進入對教會讚美的對象的敍述中。我們很容易視這為西方典型的聖靈極簡化論（pneumatological minimalism）。不過，提及聖靈並非只是附加物或補充；這對《謝主曲》歡慶的整個救恩歷史的完整陳述是必不可少的。因為「安慰者」或「保惠師」這個稱號用一個詞語總結一個事實：如果神不是身為聖靈，在任何時間都和祂的聖民同在（約十四16～17），聖父和聖子在某程度上仍然會在我們以外。聖靈由聖父以聖子的名義差派，藉著見證基督指導聖徒（約十五26）。事實上，沒有這個在第三位提到聖靈完成的工作，在《謝主曲》最後一節的代禱（「因此，我們向祢祈求，求祢幫助祢的僕人……」）只會是沒有對象的呼喊，不能夠有得到回答的穩妥盼望。神拯救祂的百姓，祝福祂的產業，引導和提升祂的百姓，保持祂的教會無罪，保持聖徒聖潔——沒有聖靈的神性，沒有第三次重複「聖哉！」的呼喊，這一切都會變得不可能。

讓我們現在將這三條線揉在一起，指出它們和教會的聖潔有甚麼連繫。教會承認神這三重聖者的名時，是聖徒的相通。神的名是神在祂威嚴地自我顯示為主和救主，在我們中間的聖者。祂說出自己的名，實行祂的拯救工作時，為自己創造和保存一羣百姓，將他們分別出來讚美祂，使他們成聖，承認神的名是聖潔的，從而為天上執政者的認信，形成人類謙卑的和聲：「聖哉，聖哉，聖哉，是主萬軍之神。」

(3) **教會的聖潔在甚麼認信實踐中變得可見？**甚麼是聖潔在人類、歷史上的模樣？

開始的時候，我們需要細察「可見」(visible) 這個詞，確保我們以正確的方式使用它。好些主流的現代教會學（特別是在普世教會的版本中）都很大程度上致力研究教會的可見性，也就是教會作為有秩序的社羣那實質、歷史和物質的特性。和這努力對應的是一個共識，認為教會的不可見性沒有甚麼能夠引起它的興趣，因為這暗示將教會靈意化，變成只是主觀主義，沒有客觀的社羣形式或持久性。其中一個結果是，給教會的外在性，令教會的存在變得可見的教會歷史活動很高的價值。這裏明顯包含真理：教會是真正由人組成的羣體，以它的行動為人所認識，因此，它的聖潔是可見的現象。但關鍵的問題不是教會是否可見，而是教會擁有哪種可見性。教會的可見性不單是一種自然數量、生命力量或社羣性同在；它是「不可見」(invisible) 的教會的可見性——巴特所說的教會的「非常特別的可見性」(special visibility)。[10]在談到這種特別的可見性時，巴特無意否定教會總有歷史的具體性和形式；他只是嘗試肯定，教會藉著基督透過聖靈的同在和行動而有這種可見的形式。因此，「可見性」是屬靈事件。它只能夠藉著談論三一神積極、溝通性的同在才能夠加以描述。它不能夠被改變為僅僅是現象形式；而且它只能夠透過對神的聖言和工作的信心被完全感知。這對談論教會的聖潔有直接影響。神聖民的聖潔是可見的，並非只是基於教會的活動而意指教會的某種事物；這樣說會將聖潔改變為某種教會自行實現的東西，違反新約聖潔是「在基督耶穌裏」這個見證（林前一2；腓一1）。可見的聖潔是教會的認信；而那認信不是承認教會本身（*in se*）所有的一個特點，而是承認教會是藉著三一神至高的工作才有那個特點。

因此，在教會聖潔的實踐中，它的行動完全朝向聖三一揀選、招聚和聖化的行動。教會的行動並不實現、完成、繼續或以任何方式擴展或體現神的工作。神的工作是完美的，也是惟一本身是聖潔的工作。教會聖潔的行動的來源和支持能量都在於神，這些行動為神的工作作見證，也以它們的見證伴隨著神的工作，而且在它們一切人的脆弱和罪性中，響應聖潔的神的聖潔工作。聖潔的教會怎樣以行動配合和響應神的工作？有四件事情需要提及。

第一，**教會重新聆聽福音的應許和命令時，它的聖潔是可見的**。教會再次順從福音的判斷和安慰，福音對救恩的公佈，以及福音在聖潔的方法上給神百姓的指示時，聖潔便發生。教會作為聆聽的教會是聖潔的。

聆聽福音永遠不會是已經完成的工作，永遠不是教會留在後面的東西。聆聽總是全新的活動。因此，教會的聖潔也總是一個過程：教會藉著站在同時是**應許**和**命令**的福音的話語之下變得聖潔。站在福音的**應許**之下，表示聆聽那充滿喜樂的宣告：「看你的神」。在這種聆聽中，教會再次面對福音的肯定：神是降臨的那一位，是**身為**救主與我們一起的那一位，祂更新和保存祂的百姓，並以最終的權威實現祂的許諾：我要作你們的神。福音的應許是「救眾人的恩典,已經顯明出來」(多二11);那「顯明」和「至大的神,和我們救主耶穌基督」(多二13),那位「為我們捨了自己,要贖我們脫離一切罪惡,又潔淨我們,特作自己的子民,熱心為善」(多二14)是同等的。但站在福音的應許之下,已經同時是站在福音的**誡命**之下:神使人成聖的工作的目的是為善工積極的熱心。因此,教會站在福音的誡命之下時也是聖潔的。作為誡命,福音是律法的宣告,神聖民生命的模式和指引。在聆聽福音順服的召喚時,教會是聖潔的,順從福音對罪的審判,致力以神的命令引導自己的生命。這樣,教會站在那聖潔的召喚的最終宣佈之下時是聖潔的,而那召喚對應神揀選的承諾:你們要成為我的百姓。那麼,教會怎樣是聖潔的?藉著留意和順從福音,以它作為揀選的指示和順服的命令。

第二,**教會的聖潔在它以悔改和以信心承認自己的罪時,是可見的**。教會由聖父的決定聖化,在基督裏是聖潔的,並由聖靈潔淨。這種聖潔不是實現了的完美,而是一種外來的聖潔,和它真正的罪性有衝突。教會是聖潔的,不是因為它已經實現「毫無玷污、皺紋」,而是因為福音的應許和命令已經介入了它的生命,觸動了它,搖撼它直到核心。教會只有在暴露於審判之下才是聖潔的。

這表示聖潔的可見絕對不是有信心的純潔,而是謙卑地承認自己有罪,並祈求赦免。馬丁路德在一五三一年復活節的講道中說:「沒有比基督教會更大的罪人。」[11]聖潔是在悔改,而不是佔據道德的優越地位時才是可見的。因此,教會的聖潔和它的禱告是分不開的(再次,以《謝主曲》的話來說):「主啊,憐憫我們,憐憫我們。」實現了的道德優越不一定構成聖潔,更可能和聖潔有衝突。作為信心悔罪的呼喊，祈求赦免和憐憫，呼求神做教會無力為自己做的事，也就是保守它不犯罪，聚集它在榮耀中進入聖徒的隊伍中時，聖潔是可見的。

第三，**教會向世界作見證時，它的聖潔是可見的**。「你們是……聖潔的國度……要叫你們宣揚」（彼前二9）。正如我們已經看到，教會聖潔的**來源**完全在教會以外；這帶來的結果是：首先，教會的聖潔在聆聽福音的應許和命令中顯明；其次，教會聖潔的標記是悔罪，而不是完美。同樣，教會聖潔的**目的**也在教會以外。教會聖潔的至高目的是在聖徒的順服中榮耀神；它的中間目的是作見證。作為聖徒的團契，教會宣告那位呼召它出黑暗入光明，潔淨它事奉自己的那一位的「奇妙作為」。重要的是，聖潔的動力不單包括聚集和撤退，也包括差派。聖徒的聖潔不單是轉向內在；如果是這樣的話，便會很快變成純粹是對世俗社會的一種派系性敵意。如果這種撤離的動力有問題，不單因為它傾向假設罪和實現聖潔的界線，與教會和世界的界線相同。也是因為撤離的策略幾乎無可避免地將揀選和聖化的神聖活動改換為社會排他主義，令教會的聖潔變成清潔的領域，對抗被污染的世界。耶穌不寬容的審判，正包括針對這樣將聖潔改換成不正確的可見性。可見的聖潔的真正動力有頗為不同的特質。毫無疑問，那包括徹底的分離，一個「分別出來的呼召」，令教會分離出來，將教會成員變為一羣「客旅和寄居的人」。這分離以「節制」的方式變得可見，教會拒絕順從「肉體的情欲」。但這一切的目的是「要叫你們宣揚」：聖潔需要「在外邦人中間」維持，而不單是防止教會受到污染，目的應該是：「〔他們〕因看見你們的好行為，便……歸榮耀給神」（彼前二12；比較太五16；腓二15）。聖潔作為見證，作為聖潔的神的奇妙工作可以穿透，並宣告這奇妙工作時，是可見的。

第四，**教會的聖潔在它禱告「願你的名為聖！」中可見**。如果聖潔的本質是對聖三一的認信，那麼令聖潔可見的根本行動是教會祈求神的名得稱為聖。我們必須留意，那禱告首先和首要不是教會自己以某種方式確立神名字的神聖。事實剛好相反：那是祈求神自己尊自己的名為聖。正如巴特在《教會教義學》（*Church Dogmatics*）結束時，對主禱文那未完成，但卻十分出色的解釋中，提出這個祈求可以用以下方式演繹：

> 聖父，求祢做只有祢才能夠做的事情。保證祢和祢的名最終完美和確定地為人所知……保證祢的名不再受褻瀆，而總是並且被每一個人視為聖潔，就好像祢自己尊自己為聖時，祢的名確實是聖潔的那樣。[12]

而且，在作出這個禱告時，聖潔的教會是在一個重要的意義上回顧——回到那「獨特和確定的神聖行動。它知道那行動已經在耶穌基督裏發生……神藉著那獨特和確定的行動尊自己的名為聖。這以前和現在都已經是神所有做法的目的——那「終末」（*eschaton*）。」[13]因此，教會的禱告，它信任的呼喊，祈求神在這件事中負責祂自己的事業，顯出祂的聖潔；是植根於「神自己尊自己的名為聖。」[14]所以，教會這樣禱告時，是實行它聖潔的構成性特質，也就是顯示神的聖名在祂的作為中頒佈。

不過，在這個顯示中，教會的聖潔不單是被動地同意一件事情的狀況——神的聖潔，在這個狀況面對，教會甚麼也不能做。當然，這個禱告是祈求「一個我們不能採取的行動。」[15]但對神的自我聖化，教會本身有相應行動聖化神的名。因為

> 那些真正以這個祈求催促和牽涉神，期望祂會應允的人；是認真和基本地不平靜和驚訝的人。他們也在自己的地方，以自己的方式，身為人，並在人的限制和可能性以內催促和牽涉自己。他們宣告並在自己的限制內負起責任，在他們向神祈求的事情中，有些事情會相應地由他們完成。[16]

我們已經提過這種聖潔行動可能涉及的一些事情，包括：聆聽福音；見證；和使理性成聖。但包含這一切，並支持著這一切的是讚美的工作。讚美是對抗罪的偉大行動，是對我們邪惡地拒絕承認神是主的偉大鄙棄。因此，總括來說，教會在日復日地尊崇神和敬拜祂的名，直至永遠時，就是聖潔的。

註釋

1. K. Barth, *Church Dogmatics*, IV/1 (Edinburgh: T & T Clark, 1956), p.693。比較 H. Küng, *The Church* (London: Search Press, 1968), pp.325～326。
2. 和 D. Ford 在 *Self and Salvation: Being Transformed* (Cambridge: Cambridge University Press, 1999), pp.107～136 相比，我十分不傾向視教會的身分為以弗所書的中心主題，而更傾向在其中找到隱藏的恩典神學。
3. 參西三12和彼前一2。
4. J. Calvin, *The Epistles of Paul the Apostle to the Galatians, Ephesians, Philippians and Colossians* (Edinburgh: Oliver & Boyd, 1965), pp.124～125.

5. Calvin, *Galatians, Ephesians, Philippians and Colossians*, p.125.
6. Calvin, *Galatians, Ephesians, Philippians and Colossians*, p.125.
7. 僅舉一個例子，參 W. Meeks, *The First Urban Christians: The Social World of the Apostle Paul* (New Haven: Yale University Press, 1983), pp.74～110，在其中揀選使之聖潔的末世論性質被徹底內在化。
8. Calvin, *Galatians, Ephesians, Philippians and Colossians*, p.207.
9. Calvin, *Galatians, Ephesians, Philippians and Colossians*, p.156.
10. Barth, *Church Dogmatics*, IV / 1, p.654.
11. M. Luther, *Werke. Weimarer Ausgabe* 34 / I, 276.7f.；比較 E. Jüngel, 'The Church as Sacrament?', 收錄在 *Theological Essays I* (Edinburgh: T & T Clark, 1999), p.210，雲格爾評論說：「路德在教會承認自己的罪性中找到教會真正聖潔的證明。」
12. K. Barth, *The Christian Life* (Grand Rapids: Eerdmans, 1981), pp. 115～116.
13. Barth, *The Christian Life*, p.163.
14. Barth, *The Christian Life*, p.163.
15. Barth, *The Christian Life*, p.157.
16. Barth, *The Christian Life*, p.169.

4

基督徒的聖潔

I

神的屬性是談論三一神的身分的方法；所以，正如我們已經看到，神的聖潔是一種三一屬性，以祂身為聖父、聖子、聖靈的生命為特點。三一神的身分在創造、復和及完善的計劃中，在神富創意、拯救和溝通性同在的工作中制定。因此，神的聖潔是一種關係性屬性，以神和祂已經創造和救贖的受造物的交往為特點。談論神的聖潔，就是總結聖三一揀選、救贖和完成祂與祂百姓的聖潔團契的存在和工作。正因為這樣，從教義角度解釋神的聖潔，需要包括講述聖潔的溝通。這意思不是受造物的聖潔作為參與聖潔的神的三一存在，也不是受造物的聖潔作為神的流出；而是神不止息、永遠新鮮地藉著使受造物成聖，將聖潔賜給受造物。傳遞的聖潔不是轉移或支配的聖潔，而是衍生的聖潔。因此，受造物的聖潔的基本標記是它的外在面向，它朝神作為它的來源和它讚美的對象而得到整理。

到目前為止，在描述聖潔的傳遞時，我們都集中在聖潔的共同生命，集中在神的百姓作為聖徒相通上。但聖潔本身也有其個人性，適宜為基督徒——基督裏的聖徒——的個人生命提出一個教義性說明。正如我們將會看到，我們不能夠透過將個人或主觀的，變為我們對聖潔的教會和聖潔的神的所有語言圍繞的真正中心。跟從這條路不單會顛覆個別基督徒的聖潔——這種聖潔發生在神聖潔百姓的團契裏——也會威脅將神的揀選、復和及完善的超越工作壓縮進個別聖徒的狹窄世界中。當然，這種壓縮在實踐敬虔的歷史上屢屢發生，在當代則以某些對靈性作為自我實現的興趣這個面貌出現。不過，「濫用並不否定正確的使用」(*abusus non tollit usum*) 這條規則依然有效。談論個人的聖潔有福音上的合法性。要解釋這種聖潔，需要的是良好的教義秩序，在其中聖潔植根於講述聖三一的方法，並以聖徒的相通為背景。良好的教義秩序有助促進良好的牧養秩序，從而制止自我關注的狂熱。這種自我關注嚴重影響敬虔的生命，並妨礙信徒在聖潔中成長。簡單來説，我們需要的是對個別基督徒「在基督耶穌裏成聖」(林前一2) 作有秩序的神學論述，以命題的形式表達，這種有秩序的論述可以總結為：

> 基督徒的成聖是聖三一的工作，在其中復和的罪人得到更新，有和神建立聖潔團契的積極生命。建基於聖父、聖子、聖靈的揀選、復和及完成工作，聖潔團契的積極生命是信心的工作，這工作在每一刻的特點都是治死和復生，並作為自由、順服和愛實現。

II

首先，**基督徒的成聖是聖三一的工作，在其中復和的罪人得到更新，有和神建立聖潔團契的積極生命**。基督徒生命的奇迹從哪裏來?罪怎樣被克服,並且被一種可以稱為「聖潔」的新生命形式取而代之?人的生命怎能夠脱離對神的敵意?脱離叛逆和對鄰舍的憎恨,回到它正確的目的?與神有團契的積極生命以甚麼為基礎?我們必須給予的回答只是,這種生命形式和活動的存在和延續,完全建基於聖三一使人成聖的工作。

成聖是聖父揀選的工作。這樣説就是表示,聖潔團契的積極生命並非源自任何人的決定或決心,而是有賴神完全的賞賜和至高自由的決心。成聖包含在神永恆的決定中,因此用來描述教會的話,也必須用來描述個別的基督徒:「神從創立世界以前,在基督裏揀選了我們,使我們在他面前成為聖潔」(弗一4)。在談論聖潔團契的積極生命時,我們並非在人類決定的領域中。如果我們提出,雖然關於復和,我們需要談論神的決心;但當我們進而談論人的聖潔時,便需要轉而談及我們自己的中介,或許是與神合作,或許是為了救恩的恩賜而給神合適的回報;我們對成聖的思想便會變得無序。但如果我們蒙揀選成為聖潔,便是已經從人類自主的領域中被抽出;基督徒的聖潔並非源自基督徒的決定。不過,這裏有一個重要的補充真理:揀選是揀選一種生活方式。「被揀選」這個條件不單是一個狀態,也是一個歷史;被揀選為聖潔不單是隔離。揀選是決心,委派以某種方式存在和行動。隔離的行動當然是不可或缺的,因為成聖表示有分別。但隔離不能夠變得絕對;神恩典的揀選確立的不是一個狀態,而是使罪人成聖,藉以積極事奉神:

那永恆的揀選是賜下所有真正恩典的第一個基礎。而實踐是那揀選的目的。良好的實踐不是揀選的

> 基礎……但基督徒的實踐是揀選的範圍和目的。雖然神揀選人，不是因為祂預見他們會聖潔地生活；但祂揀選他們，是要他們聖潔地生活。[1]

成聖是聖子復和的工作。如果我們再問那個問題:「人類聖潔的奇迹在哪裏?」除了它源自神的揀選這個回答外，我們也需要說成聖與神復和的工作是分不開的。成聖的工作由聖父解決，在神兒子——成肉身的那一位，背負罪的奇妙得勝者——的位格和使命中完成，在祂的血中我們得到救贖，過犯得以赦免。用最簡單的方式表達:聖潔建基於赦罪和復和。這就是說基督徒「奉主耶穌基督的名……已經……成聖」(林前六11)的意思。

基督教教義學和倫理學習慣藉著堅持稱義和成聖之間嚴格的連續關係，保障這個基督論和救恩論重點:無論對成聖說甚麼，都需要以基督稱義的工作為優先。特別是為了和被認為是羅馬天主教對這件事的協作性論述爭辯時，堅持將成聖單單建基於因信稱義，為它的完整結論帶來對神拯救恩典一種極端化了的意義。從稱義到成聖不包括任何對恩典的完美和充足的減損，而這恩典是在聖言中宣告，並在信仰中得到同意的。成聖有賴神救恩的行動。這行動在聖子的死和復活中完成，並在福音宣佈罪債還清中得到宣告。因此，基督徒聖潔的原動力不在於基督徒，而是在於神。實際上，將成聖植根於稱義，防止我們將成聖轉為道德上的自我改進，彷彿稱義只是在開始時注入能力，然後藉著道德或屬靈努力推動。而且，這樣牢固地將成聖連繫到神的原動，反對對代贖作榜樣式論述，將基督的工作貶低為只是場合、刺激或模式，讓基督徒透過聖潔的工夫努力變得聖潔。

不過，無論成聖在回指稱義上多麼具決定性，我們都可以正當地問：如果我們要避免陷入某種偏狹，將聖子拯救工作的範圍收窄；在這個問題上，是否需要更多堅持？有兩件事情需要指出。首先，沒有更明確的說明，而對任何關於成聖的論述，都堅持稱義的中心地位，可能以某種方式將聖子的工作抽離祂的位格，將逾越節的事件從處於它們中心的位格和原動力分離出來；實際上，有陷入功能性基督論的危險，將救主的位格僅僅視為祂拯救活動的一個功能。但我們毋須讓這種事情發生；事實上，任何對稱義的嚴肅論述，都會頗為激烈地抗拒任何將聖子的位格和聖子的工作分開的做法。但這種抵抗包含一種保留部分，不容許稱義這個主題膨脹到承載聖子復和工作的全部分量。因此，第二點是，我們不能夠期望稱義作為聖子復和工作的整全總結，而必須將它歸入神拯救的計劃這個更大的範圍中。這個計劃從永恆伸展到永恆，它的中心不單是稱義，也是聖子在它整體中的位格和使命——從祂順從聖父的旨意，透過成了肉身，以肉身存在時的順服和羞辱，宣告和頒佈神的國，捨去自己的生命，在復活時高升，升到榮耀中，坐在聖父的右邊；以及身為先知、祭司和君王繼續工作。正是這整個使命，而不是其中任何單一的階段，令我們的成聖得以實現；只有在這整個範圍中，我們才有耶穌的「名」的頒佈，在其中我們變得聖潔。

那麼，基督徒在這個「名」中得以成聖是甚麼意思？意思只是：耶穌基督是帶來聖潔的聖者。在祂身為聖子和成肉身的聖言的行動中，在祂身為「神的聖者」（可一24）的位格和使命中，耶穌基督使人成聖。以祂的存在和行動，以祂是聖父使其成聖的那一位這事實（約十36），耶穌基督使人聖潔。祂不單宣告人無罪，更在宣告人無罪時使人成聖，將人的志業更新，使之在神面前成為聖潔。祂並非孤立地以自己的位格或工作完成這件事，因為任何這種區分都不能夠捕捉成肉身那一位的位格的整體身分。祂使人成聖，因為身為取得人性的一位，祂代替我們，並且代替我們行動，令我們不單是潛在地，更是實際地聖潔，成聖歸神。神令祂成為我們的聖潔；成為聖徒就是在基督耶穌裏聖潔。

我們再次問：「人聖潔的奇迹在哪裏？」除了提到聖父揀選的工作及聖子復和的工作外，我們必須給予第三個回答：我們「藉著我們神的靈」得以成聖（林前六11）。聖靈是神自己在「實現」或「完成」成聖中的積極活動。而成聖是由聖父創造性的旨意決定，並由聖子的復和位格及工作確立的。藉著聖靈的位格性運作，神以至高的自由和有效性意願及實現的事情，成了基督徒存在的真實狀況：成聖不再是事情的抽象狀況，而是招聚基督徒進入其中的客觀現實。在聖靈「裏」，蒙揀選和實現成聖變得有效，成為基督徒自己最個人的實存。正如加爾文說，神的聖靈是「那祕密的能量……我們藉以享受基督和祂的一切好處」。[2]

重要的是，這並非將聖靈囚禁在人類主觀的領域裏。使人成聖的聖靈的祕密能量，不是談論我們自己的祕密能量的另一種方式，也不應該被視為一種注入的能力，能夠刺激人聖潔的行動。這樣思想只會喪失將基督徒的聖潔回指三一神恩典的工作，將成聖變為獲得的充足。基督徒的聖潔是在基督裏，在聖靈裏，而不是在基督徒本身（*in se*）裏；它總是而且只是外來的聖潔。成聖並不是產生自足的標記，而是顯示一種「永恆和固有的缺乏自足」。[3]在聖靈「裏」

成聖，不是聖靈在聖徒中的內蘊。剛剛相反：成聖是「基督的聖潔」（*sanctitas christiana*）的**外在性**，聖靈**在另一位裏面**的存在和行動。「在聖靈裏成聖」的意思是：活著的不是我，而是基督在我裏面活著。而「基督在我裏面活著」的意思是：藉著聖靈的能力，我從自己引起的自我毀滅中分離出來，並且得到一個聖潔的新我，由那新亞當包圍，並全然指向那新亞當；我在祂裏面存在，並在祂裏面行動。

III

這一切都表示，論述基督徒的聖潔的基礎，需要將「惟獨恩典」（*sola gratia*）的說法進一步擴展，在基督徒生命這件事上重申「惟獨上帝」（*solus Deus*）。那麼，應該怎樣描述那生命？我們的命題接著這樣說：**建基於聖父、聖子、聖靈的揀選、復和及完成工作**，基督徒得到更新的生命，是**聖潔團契的積極生命**，而那**是信心的工作**。

基督徒的聖潔是聖潔的團契；是與神關係的更新，而那是聖潔的核心。身為**受造物**就是個人的存在在於與神的關係，因為「存在」就是「存在於」與造物主「的關係中」，並只有這樣才能夠有生命和行動。身為**罪人**就是拒絕這種關係，因而藉著試圖超越受造性，成為自己的來源和自己的目的，而絕對令個人的生命陷於危險之中。這樣邪惡地拒絕成為受造物，不能夠推翻創造主決意成為與我們一起的神的客觀性，因為這是創造主的憐憫，祂從永恆已經有的決定屹立不倒。但罪人不能夠根據承認創造主給生命的恩賜而活，表示受造物正是藉著掙脫與神那有秩序的關係——而受造物只能夠在這種關係中存在——選擇折磨和破壞自己的存在，到了一個地步，令自己的存在毀滅。成為已經復和的罪人，就是成為已經被神的憐憫結束了自我破壞的人，成為敵意已經被權威和不可逆轉地否決的人，並因而成為與神的關係得以恢復的人。因此，成為聖徒就是成為復和的罪人，在團契中重新得以建立，並因而得到釋放和能力，從事聖潔的工作。

因此，在成聖的神聖工作中，受造物重新歸入神與我們的歷史——積極團契的歷史——中的行動；雖然以前罪人對抗那歷史，褻瀆它的主；但現在罪人成聖，自由和快樂地與神交往。較古老的基督教神學家以恢復神的形象來談論這件事：成聖的出發點（*terminus a quo*）是神聖的形象受損，而成聖的最終目的（*terminus ad quem*）則是這個形象的恢復。[4]當然，「神的形象」（*imago Dei*）這說法頗容易變得過分靜態，特別是在那個形象坐落在某些人的能力——例如理性或良知——之中的時候，而這樣做的目的往往是為談論神提供一個自然的人類學基礎。考慮到這個問題，或許更明智的做法是，以在歷史上盡可能廣泛的用語來看人本性「正如他主的形像」（西三10）的更新。那個用語是「更新」（*anakainōsis*），也就是在罪邪惡的時代後，恢復神和祂造物團契的歷史；那是我們藉著聖潔的神的憐憫，全面重新納入聖潔的約之中。

在基督徒那一邊，這個構成成聖的團契是順服的積極生命的更新。加爾文在論述稱義開頭的一個段落中這樣說：

> 神的慷慨將基督賜給我們，讓我們以信心掌握和擁有。藉著參與祂，我們原則上接受了雙重恩典，也就是透過基督的無可指摘與神復和，我們在天堂可以有一位仁慈的父，而不是一個審判官；第

> 二就是，由基督的靈使我們成聖，令我們可以培養無可指摘和純潔的生命。[5]

在談到復和的工作作為神的「雙重恩典」時，加爾文設想神的同在，這同在在福音作為透過神宣告人無罪，恢復人與神的和平；並作為積極純潔的成聖與人類相遇。由神使我們與神復和，令我們為了聖潔的工作而變得聖潔。

這表示聖潔的工作源自人類和神的活動的震動和重定方向。在談到加爾文稱為「培養」無可指摘和純潔的生命時，我們並不重新倒向自我實現：對我們受造性的扭曲，神在十字架上說出了最終的「不」。基督徒的聖潔是關乎「福音的成聖」（evangelical sanctification）[6]——關乎福音**宣告**的聖潔，而受造物以**信心**作為對應。基督徒的聖潔是在一種空間中的生命。這種空間透過使人復和的聖子及使人成聖的聖靈，由神聖潔的同在創造。正因為這樣，「我們……**只有**在明白了惟獨信心（*sola fide*）和成聖那聯繫的特別極大重要性時，才能夠真正談論成聖」。[7]或者，用加爾文的話說：成聖是神聖「慷慨」的一個方面，掌握和擁有那只能夠「在信心」中存在的。

頗為簡單的是，在這個背景下，惟獨信心的重要性是很大的。它不單強調恩典的全然優先性，也令發展一套獨特的人類學成為必要。因為如果惟獨信心是基督徒聖潔的低音，那麼闡釋那聖潔便需要一種人的本體論，並因而需要一種心理學和一種倫理學，在其中基督徒的存在不是造成而是給定。存在（因而也包括成為聖潔），就是成為三一神創造性和拯救目的的一部分。因此，基督徒的聖潔是復和人性的終末論特點的一個方面。成為與神有聖潔團契的人,就是在三一神和我們的歷史中獲賜予個人的存在。在那歷史中,那舊日、自我封閉和受污染的存在已經並繼續被擱置;新的存在開展了,那是與那聖者團契的神聖存在。這新的神聖存在是「終末性」的,它源自人的生命和歷史全面的顛覆和重整。而這顛覆和重整稱為重生。而對應這重生的神聖行動是信心。

不過,福音的成聖不單是福音**宣告**的聖潔,也是福音**命令**的聖潔;而受造物的對應則是**行動**。聖潔是指示性的;但也是命令性的;事實上,它是命令,**因為**它是三一神的指示性聖潔,神使人成聖的工作指向更新受造物與祂團契的積極生命。指示性聖潔不是單純的呆滯狀態,我們發覺自己被置於其中,它除了要求我們被動地默許外,對我們沒有任何要求。指示性聖潔是一個不可逃避的結論的啟示,我們的生命被安排在那個結論之下。那個結論就是,身為由神的憐憫揀選、稱義和成聖的人,我們同樣是那些決意過聖潔的積極生活的人。因為恩典是「雙重恩典」,它是蒙揀選採取行動。當然,雙重恩典總是全然**是恩典**;聖潔的積極生命永遠不脱離信心同意神全然的創造性。但在基督教聖潔生命的神學中,恩典是**雙重**(duplex)的,伸展到行動的產生、召喚和保存。當然,「恩典」只是神憐憫的偉大歷史的簡稱,在其中心是基督的受苦和復活,以及祂差派聖靈;恩典也是**生命**的恩賜,而生命是與聖潔的神一起的積極聖潔。

因此,十分重要的是,不要藉著將惟獨信心的主題變成絕對的時刻,在其中基督徒的整個道德心理都瓦解,從而將惟獨信心的主題分離出來。這樣分離的結果總是將基督徒聖潔的生命嚴重地縮小,藉著將倫理學從福音中刪去,抵抗道德主義。這樣可以透過打著藉著信心以恩典稱義這個旗號進行；但帶來的結果是稱義的一元論，沒有多大希望能夠對恩典的三一計劃的範圍提出充分的論述。無論惟獨信心是多麼不可或缺，我們都不應該將它視為表示被動是基督徒存在的惟一方式。惟獨信心表示在它的一切行動中，成聖罪人的存在指向神身為主的創造性——指向聖父在萬古之先揀選的憐憫，聖子已經完成的工作，以及聖靈的同在和應許。信心包含在所有聖潔的活動中；沒有信心，這種活動不可能是聖潔的。但信心的背景在救恩的整個計劃中，而其目的是我們的更新。

IV

這種聖潔團契的積極生命，**每一刻的特點都是治死和復生**。作為治死，聖潔是將神兒子在十字架上使之死去的東西擱置；作為復生，聖潔是活出在聖子的復活中使之有生命的東西。因此，治死是闡述基督徒新的積極生命怎樣成功，和相應地將「過犯和罪惡」那舊時、充滿死的存在殺死的一種方法。復生談及積極的生命，作為對應那偉大的復活節實存：「他叫你們活過來！」（弗二1）。正確地理解，治死和復生不是兩種分離的行動，卻是對同一實存的不同看法。治死和復生本身也不是不同的行動，能夠從基督徒的其他工作中區分出來；相反，它們是構成聖潔生命的所有活動模式的特點。「殺死」和「穿上」不是並行的行動，也不是在其他行動以外加上的行動；它們是整體的特點，在所有部分中都能夠看到。治死和復生象徵洗禮的模式伸展到基督徒的生命中，以致基督的死和復活，在它們所有的客觀性和完美中，而不是雖然有這些客觀性和完美，成了基督徒自己個人歷史的樣式。在基督的死和復活的能力和亮光中生活，並在它的影響下，就是尋求在自己的領域和在自己非常真實的限制中行動，以致我們人類的生命給恩典回答。

以最廣義的用語描述，給予的回答是將已經被取消的擱置一旁，並活出那在救恩工作中同樣確定地確立的事物。在宗教改革傳統的所有大師中，我們必須再次向加爾文求教，因為他是有關成聖的傑出神學家。在《基督教教義》卷三眾多值得注意的段落的其中一段，加爾文寫道：

> 現在那偉大的事情是：我們得以成聖並奉獻給神，以便在此後思想、談論、默想和做任何事時，都是為了祂的榮耀……
>
> 那麼，如果我們不屬於自己，而是屬於主；我們必須逃避甚麼錯誤，以及我們生命的所有行動必須指向哪裏，都變得清晰了。我們不屬於自己：因此，讓我們的理性和意志都不要傾向我們的計劃和作為。我們不屬於自己：因此，讓我們不要將自己的目標定為根據肉體尋求對我們有利的事情。我們不屬於自己：因此，只要我們能夠，讓我們忘記自己及自己所有的一切。
>
> 反過來說，我們屬於神：因此，讓我們為祂而活，並為祂而死。我們屬於神：因此，讓祂的智慧和意志主宰我們的一切行動。我們屬於神：因此，讓我們生命的所有部分都相應地朝祂作為我們惟一合法的目標而努力。啊，獲教導自己不屬於自己，將主權和管治從自己的理性取去，讓自己能夠順從神的人，得到多大的益處啊！因為顧及我們自

己的利益，是最能夠將我們引向毀滅的罪惡；因此，我們得救的惟一庇護所是不在任何事情中聰明，不透過自己有任何意願，而是單單跟隨主的帶領。[8]

加爾文嘗試使讀者的心轉向的「偉大事情」是甚麼？就是神使我們「成聖」是有目的的（「以便……」）；神使我們向神成聖；成聖這神的工作在人這邊，是人的理性、言語和行動都要單單為了神的榮耀這事實。從此，引出加爾文視為基督徒生命的兩重運動，一種建基於基督徒被置於其中的兩重狀況的運動。那狀況是：首先，「我們不屬於自己」；第二，我們「屬於主」。也就是，從反面來說，在基督徒的存在中，我們不可逆轉地拒絕罪人宣稱對自我擁有和自我實現的權利；因為從正面來說，我們由神擁有，而且是祂使我們成為真實。更簡單地說，我們的狀況是否定我們成為自己的神這份渴望，因為我們由獨一的真神創造和再創造。從這聖潔的狀況，生發聖潔生活的活動，這種活動同時是捨棄，從虛假逃走；並轉向——將自己指向神，而我們是在祂裏面。

治死包括加爾文接著所說的自我捨棄。「因此，讓這作為人離開自己的第一步。」[9]當然，對加爾文來說，這並非表示聖潔生命引致自我的終結，而是自我脫離邪惡、拜偶像和反叛的領域。理性和意志都需要得到磨練，實際上是需要被治死；不是因為在運用它們時，以及運用它們本身都是敗壞的；而是因為我們必須將它們整理，使它們脫離自我選擇的目的，重新展開對神的服事。這種「服事」——除去對人類能力那「屬肉體」的濫用——的意思是「順從神的聖言」和服從「神的靈的命令」。[10]這就是加爾文採用的一個稱為「基督教哲學」的古老主題—— 人與神的關係的真實生活的智慧。人們對它的認識,主要是順從神,服從和聽命,是對應一個事實:那激動、驕傲、能幹的自我,充滿是罪人的憂傷的雜亂欲望和焦慮,已經在十字架上被殺死;因而能夠,而且必須被捨棄。

較早期的新教神學家堅持,治死不單是肉身的哀傷。它很大程度上不是我們對自己為自己帶來的毀滅感到的那種破壞性哀傷,那種哀傷很快便變為自我憎恨和憎恨神。治死不是在面對我們不能夠解決的境況時的絕望。它的動力是完全不同的,因為它是轉離已經被神在復和的工作中決定性地解決了的事情。治死只有因為我們在十字架上「死了」,並因為藉著復活,我們的生命「與基督一同藏在神裏面」(西三3)才變得可能。治死不是無望的自我指控,而是能夠而且必須承擔的將罪擱置,因為罪已經被擱置。因此,治死的特點不是自我反控那挫敗的憤怒,而是因為赦罪而對罪感到恐懼,並決意活出那神為我們贏得的釋放。換句話說,治死和復生是不能分開的。復生是使生命和活動**復甦**,而這是由福音宣告,我們也藉著將「我們生命的所有行動」指向主而與之配合。[11] 我們屬於主(*Sumus Domini*)是福音的偉大宣告。這宣告伸展到基督徒整個聖潔的生命中。在其中,放在我們面前的是,揀選已經在復和中實現,並在聖靈中完成;藉著這個宣告,隨著真誠地從罪的陰影轉向生命的光輝,悔改變得可能。

V

與神聖潔團契的積極生命以治死和復生作為深層結構。最終,那生命**作為自由、順服和愛實現**。聖徒由神從罪,並為了實存而釋放出來;得以自由地順服律法;而律法是神給受造物的道德真理。聖徒也得到解放,可以對鄰舍採取愛的行動,而在其中人類的團契得以保存。

「聖潔」和「自由」是相關的詞語:我成聖是我得以自由。怎能夠這樣?聖潔是由三一神的工作使人成聖,在其中我為了事奉被分別出來。藉著神使人成聖的恩典,我得到拯救脫離罪和死的束縛,恢復與聖潔的神一起的生命。聖潔是恢復立約的團契。我們現在必須看到,那恢復了的團契是自由的根源和內容。在與神團契,在聖徒與聖父、聖子、聖靈的相通中,我們得到福音自由這份奇妙的恩賜。在與神的團契中,我們需要運用自由。根據福音,基督已經給了我們這份自由。

但福音自由這份奇妙的恩賜是甚麼?它是**奇妙**的恩賜,因為它只能夠透過我們轉離一個謊言,才能夠為人所認識和運用。那個謊言是:自由是未成形和不受限制的自我實現。那恩賜是**福音性**的,因為它建基於福音談及的,喜悅地將人的景況逆轉和重構。我們可以這樣將它定義:在福音自由中,我是那麼緊密地連結到神的恩典和神的呼召,以致脫離了所有其他束縛,得到自由活在真理中。「因為賜生命聖靈的律,在基督耶穌裏釋放了我,使我脫離罪和死的律了」(羅八2)。自由和基督耶穌賜生命的聖靈的律是不能夠分開的。也就是說,在聖子的成就的奧祕中,存在於聖靈的能力中,我面對一個新的、不容置疑和全能的實存——那救恩的實存。這實存說我是「因義而**活**」(羅八10)。這實存是「律」,意思是它是給定的真理,決定我的現在和將來,並模塑我的行動。但這樣,它也是我自由的基礎,因為在它裏面確立了一個事實:我已經脫離了另一個律——「罪和死的律」，在實存中終生不受自我毀滅束縛。

福音自由不能夠從與神的聖潔團契分開，它也是這團契的一個方面。與神團契既是它的基礎，也是它運作的領域。由神的憐憫吸引到聖潔的團契裏面，我連結到神那裏。用保羅的話説，我是耶穌基督的奴僕，我的自主最終被打破了。但連結到基督不是我自由的對立。剛剛相反：那是我自由的必須條件。為甚麼？因為和我連結的基督最終保證了一個事實：沒有其他力量可以來到我和我的興旺之間。在祂裏面，神在我和其他束縛我的一切之間設了一個距離，那距離是「自由的距離」。[12]因此，福音自由是脱離妨礙我的力量（包括、並特別包括我自己的力量）。因此，要過與神有聖潔團契的積極生活，就是因脱離罪和死的自由這事件而活。福音自由是源自毋須為自己的存在最終負責的自由；藉著神的憐憫，我恢復認識自己是受造物，與我的創造主和救主團契。我不能使自己脱離這樣的自由：自我解放正是我已經得以脱離的「奴僕的軛」（加五1）。

這樣得到釋放和保護，令我有自由活在真理中。現代對自由的論述，將自由等同為不受束縛的自由，容許自我創造，並因而將自由和本性作對比：自由是給定的對立，是一種行動，反對和超越任何對自己有確定身分的感覺。對比起來，福音自由並不設想身為人完全是生命和歷史的原創者。相反，身為人就是配合我是誰這給定的真理（本性）生活和行動。我是恩典的受造物，復和的罪人，捲入神方法和工作的行動中；在其中，我蒙指向會在末時啟示的完美。我發覺自己終於不受拜偶像、虛假的欲望和自負妨礙時是自由的，並因而得到能力充滿，積極地肩負和擴充我獲委派的角色。在福音自由中，我得到自由接受現實，並因而得到自由實踐聖潔。從這個角度看，現代人類學普遍將自由和順從兩極化，是現代自我的靈性歷史的部分病徵。在基督裏賜給我的自由中，我連結到神的恩典。但神的恩典是神的呼召；神使之成聖的聖潔也是命令。因此，自由包括配合那個律。簡單來說，我是「得成聖潔，以致順服」（彼前一2）。

積極生命的形式是律。某些基督徒本能可能在這點開始驅使我們謹慎。我們可能害怕使用律作為得到公義的手段，就好像在神後面，透過「律的工作」進行一樣；我們也可能將律和道德及宗教中單純的形式主義和外在化連繫起來，不觸及感情。當然，律可以成為自我辯解或墮落的教條主義的工具。但正確地——也就是福音性地——定義，律是神命令那些蒙揀選的人生命應有的模式。只有藉著將律融入作為聖潔的歷史的立約恩典中，才能夠抗衡墮落地使用律。如果脫離那約，律肯定與罪和死結盟；但在神拯救工作的戲劇中，律是我們那給定的秩序，我們道德歷史在其中移動的軌迹。這就是律的「教誨性用途」（*usus didacticus*）的意思：律是教師，不是法官；它指導我們聖潔的方法，是源自並對應神的良善的。律依靠揀選和復和；這裏並沒有收回恩典，而在敍述律之前，必須先說出神帶來釋放的憐憫之言：「我是耶和華你的神，曾將你從埃及地為奴之家領出來」（出二十2）。但恩典的應許帶來順服。聖潔的順服有兩個時刻：受教和積極服事，聆聽和實行神的旨意；藉此理性、情感和意志全都投入服事那聖者：

> 耶和華啊，求你將你的律例指教我，
> 我必遵守到底。
> 求你賜我悟性，我便遵守你的律法，

> 且要一心遵守。
> 求你叫我遵行你的命令，
> 因為這是我所喜樂的。（詩一一九33～35）

關於「賜我悟性」這個祈求，加爾文這樣評論：

> 這裏告訴我們，真正的智慧包含根據神的律法變得明智，以致它能夠使我們在恐懼和順從中維持歸屬祂。在祈求神賜他這智慧時，詩人承認，人因為天生瞎眼，沒有以此為目標。而事實上，在人類中，通常流行的觀念對竭力遵守神的律法是頗為陌生的……為自己，詩人祈求的只是將自己完全降伏在神的指示下，而不是任何其他的精明。[13]

因此，自由和順服既是聖潔的積極生命的基礎，因為它們指示我們向外，離開有罪的自我關注，朝向神律法的真理中的生命。因此，我們可以藉著在自由和順服以外，同時談論愛，完成對聖潔生命的描繪。脱離故意和充滿恐懼的追逐私利，我得以成聖，從事愛的工作。由神聖化涉及恢復社會。因為如果福音自由的意思是，我得到解脱，可以得到真理；而如果福音順服的意思是，我有自由在真理的公義秩序中行動；那麼愛就是自由的順服，在其中我承認鄰舍的目標，以之作為我自己的目標。與神團契包括人的團契。在聖潔的領域中，我的鄰舍不再是威脅或障礙，也不是為了我的私利供我利用。我的鄰舍是真理對我的同在，令我必須為了他們而行動。愛和自由及順服一樣，涉及治死和復生。愛是對我們那毀滅性自負的反行動。「沒有人心裏不珍惜某種關於自己優越的意見……每個人透過誇獎自己，胸中都藏有某種國度。」[14]正因為這樣，加爾文接著說：「除非你放棄所有關於自己的思想，並恕我直言，脱離自己，否則你在這裏不能夠完成甚麼。」[15]那放棄和脱離自己是治死，和它對應的是激發我們對同伴的尊重。向自己死和起來愛鄰舍都是聖靈的果子，在我們裏面使聖潔完全，而我們為此被神分別出來。

愛包括我承認我的鄰舍必定是神賜給我的實存。我往往希望逃避這個實存，但它卻以超越的命令式力量與我相遇。為甚麼這人類團契的工作的「超越」基礎在神學上是決定性的？因為藉此我的鄰舍，和我有關係的那一位，便是已經賜了給我，成為我在眾聖徒中的命運的一部分。我的鄰舍召喚我加入團契，因為在他們裏面，我找到對我的要求，是並非隨意或偶然的（因而是不可或缺的），而且是先於我的意志，並要求我為了我的鄰舍而行動。如果不感到那個團契是（由神）給定的，我的鄰舍便不會有足夠強烈的要求，令我脱離自滿和漠不關心，進入積極和採取主動的關係。人類團契的一些基本行動——憐憫陌生人、忠誠、對不可愛的人耐心地專注、長期獻身於照顧昏迷和傷殘人士，並在很大程度上得不到回報——要求我看到鄰舍是獨立於我的旨意（有時更是違反我的旨意），和我被置於團契中，才能夠堅持下去。我的鄰舍對我有必然的要求，因為他們是聖潔的神的委派和志業對我的同在。沒有給定，沒有團契作為超過偶然的事實，沒有鄰舍作為神的呼召，便只有我的意志。但如果團契是一個狀況，而不單是一個可能，讓我犬儒的自我得到娛樂，那麼在建立共同生活時——在文化、政治和倫理中——我抗拒我可能陷在其中的罪的無關係性，並由基督和聖靈聖化，我明白自己為了聖潔而受造的本性。

我們可以藉著喚起十七世紀的偉大神學家歐文（John Owen），結束這些思想。在克倫威爾（Cromwell）的時代，歐文是基督教堂（Christ Church）的教長和牛津大學的校長。他不單是他那個世紀英國改革宗最著名和多產的神學家，在學識上也比得上胡克爾（Hooker）、安德魯斯（Andrews）或當時任何歐陸的學院神學家，而且也有十分深刻的屬靈洞見。他有一顆開闊和具辨識力的心，是被對福音的愛破碎和重造的。在結束時，我引述他就神與我們的「聖潔關係」——也就是神轉向我們的聖潔——所說的話：

> 在關於神的思想中，祂的聖徒因為記起祂是誰，以及祂對他們會是誰而歡欣。在這裏他們尊重祂為他們負起的所有聖潔關係，以及祂在基督耶穌裏面的約的所有效用……在這些思想中，祂的聖徒有甜美的喜悅；這些思想對他們來說是甜美的，而且令人煥然一新。因此，那些有屬靈的心的人：他們不單經常思想神，也因為這些思想而喜悅；這些思想對他們來說是甜美的，而且不單這樣，除了關於神的思想外，他們再沒有確實的喜樂或歡欣。因此，他們一直退入那思想……那些有屬靈的心的人，會……繼續思想神，在其中他們找到對抗他們感受和害怕的一切的解脫和更新。在每一個情況，他們主要的喜樂都是回憶神的聖潔。[16]

所以，身為聖父，神是從永恆便有將人類分別為聖民，使他們與祂有團契這個旨意和目的的那一位。身為聖子，神是藉著拯救人脫離污染和被不聖潔束縛，實現這種分離的那一位。身為聖靈，神是藉著使人成聖，與聖潔的神進入公義的團契，從而完成那分離，或使之完美的那一位。但願我們正是如此。

註釋

1. J. Edwards, *Charity and Its Fruits*, 收錄在 *Works, 8: Ethical Writings* (New Haven: Yale University Press, 1989), pp.294～295.
2. J. Calvin, *Institutes of the Christian Religion,* III. i.1, ET John T. McNeill 編，F. L. Battles 譯，Library of Christian Classics XX (Philadelphia: Westminster Press, 1960), p. 537。
3. G. C. Berkouwer, *Faith and Sanctification* (Grand Rapids: Eerdmans, 1952), p.83.
4. 參 H. Heppe, *Reformed Dogmatics* (London: Allen & Unwin, 1950), p. 565。
5. Calvin, *Institutes*, III. xi.1 (ET p.725).
6. H. Bavinck, *Gereformeerde Dogmatiek* (Kampen: Kok, 1920), vol. 4, p. 233.
7. Berkouwer, *Faith and Sanctification*, p.42.
8. Calvin, *Institutes*, III. vii. 1 (ET p.690).
9. Calvin, *Institutes*, III. vii. 1 (ET p.690).
10. Calvin, *Institutes*, III. vii. 1 (ET p.690).
11. Calvin, *Institutes*, III. vii. 1 (ET p.690).
12. H. Berkhof, *Christian Faith* (Grand Rapids: Eerdmans, 1986), p.459.
13. J. Calvin, *Commentary on the Book of Psalms* (Edinburgh: Calvin Translation Society, 1847), vol. 4, p.425.
14. Calvin, *Institutes*, III. vii. 4 (ET p.694).
15. Calvin, *Institutes*, III. vii. 5 (ET p.695).
16. J. Owen, ΦΡΟΝΗΜΑ ΤΟΥ ΠΝΕΥΜΑΤΟΣ or *the grace and duty of being spiritually minded declared and practically improved*, 收錄在 *Works* (Edinburgh: Banner of Truth Trust, 1965), vol. 7, pp.364～365。

結論

在前幾章，我嘗試闡述和捍衛兩個基本提案：一個是關於基督教神學怎樣論述聖潔這個任務；另一個是關於這種論述的實質內容。第一個提案是：聖潔的教義學本身已經是聖潔的運用。基督教神學思考，如果要在神的聖徒的共同生命中進行，便不是超越的批判性探究，而是嘗試理性地講述那聖者。基督教的聖潔神學是聖潔理性的運用，而聖潔理性是由神分別出來的理性，以致神身為聖父、聖子、聖靈的溝通性同在可以被人知道和愛慕。基督教神學對聖潔所說的話的背景和內容都源自啟示（神身為聖者的同在的恩賜）；所以這種神學不是詩性，而是實證性的；不是命名的活動，而是認信的活動。它的內容、模範和限制都在聖經裏，因為聖經是得到默示的受造工具，那聖者透過聖經宣告自己。因此，神學的基本任務是解釋而不是比較或現象性。它盡力閱讀正典，以之為神的自我公佈，而且不相信閱讀正典，以之為表達一般的聖潔，會有多大得益。我提出，這種論述不能夠是沒有輔助的理性的工作，因為理性也捲入聖潔的歷史之中；理性是那邪惡以及藉著神復和及成聖工作克服那邪惡的歷史的一部分。因此，作為「聖潔理性」，基督教神學會正確地顯示治死和復生的痕迹，因為它因著本身的自負和對虛假的愛而受到譴責，並被聖靈重塑，可以謙卑地留意真理。因此，它的基本姿態是禱告；它的位置會在聖徒的團契中，服事羣體對三一神的認信，以及對神的名的懼怕和尊為聖。

在前述討論中提出的第二個提案關乎基督教聖潔神學的內容。那內容藉著探討三個不能分開的主題展開。那三個主題是：聖三一本身的聖潔；教會的聖潔；個別基督徒的聖潔。這些主題所以不能分開，是因為基督教對神的三一性聖潔的信念的內在結構。身為聖父、聖子、聖靈，神的聖潔是一種顯示神的「名」和「作為」的方式，也就是神擔負的身分。和所有關於神屬性的談論一樣，談論神的聖潔也是在觀念上嘗試指向神身分的具體性。那具體身分被「製訂」，意思是它在神身為創造者、復和者及完成者，對祂造物的自由行動中完成。因此，聖潔是神和祂造物的位格性道德關係。那三位一體的聖者是建立團契的那一位：身為聖父，祂定意和模塑受造物加入團契；身為聖子，祂保護那個團契免受罪的進攻；身為聖靈，祂將那個團契帶到人的完成。聖潔作為關係的一個模式，可以從兩個層面探討：教會和個人。教會的聖潔建基於聖三一揀選、救贖和完成一羣聖民，他們是神立約的伙伴和聖徒的團契。因此，教會的聖潔總是外在的聖潔：是恩賜而不是財產；是恩典而不是成就。而且，教會的聖潔在教會的主要行動中是可見的。那行動是認信——也就是承認或認可神的良善那絕對崇高和超越的價值。聖潔不是自我實現的完美，而是指向聖潔的神那完美的現實。它的基本形式是聆聽福音的命令和應許，在痛悔和信心中認罪，向世界作見證，並祈求神的名被尊為聖。在個人聖潔的層面，聖潔是受造物由聖三一的工作更新。在其中，受造物得到釋放，有與神積極團契的生命。

透過成聖，受造物重新歸入神與我們的歷史的行動中。所有聖潔的活動都源自信心；但信心在死去以及和基督一起復活這個水禮模式中，也就是說，在治死和復生中，變得活躍。透過治死和復生，聖潔被模塑為自由、順服和愛。

雖然這種思想在基督教的過去，對很多人來說都是可愛的；但現今在我們的文化中卻很少能夠看到。例如：和容忍不同，人們並不視聖潔為公民的美德，並指摘我們為不人道。那並不是因為聖潔不人道，剛好相反：因為基督徒的認信，聖潔是人類興旺的一部分。如果相反的情況才似乎是真實的，部分原因是理解聖潔和投入它的實踐，要求我們改變對人的觀念。這改變可能涉及甚麼？

我們受到我們的文化訓練，以**反射的**（reflexive）方式組織我們對自己身分的感覺。也就是說，我們較不可能從給定的地點、傳統和角色接受我們基本的自我理解；而較可能以某些方式行動接受我們基本的自我理解，而那些方式的做法和目標是自我建構。我們的政治和道德心理學都大致缺乏關於本性和目的的深刻詞彙，我們根據本能朝惟意志論走，雖然那是某一種特定的惟意志論。那（至少在主要的現代西方）並不是反叛的惟意志論，而是一種消耗和風格。在十九和二十世紀很有力的康德和馬克思的形式中，反叛的惟意志論保留一種感覺：身為人就是身為某種存在，是有特定命運的——解放的計劃。消耗和風格的惟意志論在兩個重要方面和這種惟意志論不同。它缺乏那種對人的身分和持久力的感覺，是在談論人的「本性」時闡述的；它對身為人是甚麼意思，喜歡採取一種更有差異和可修改的論述。而且它很大程度上是非目的性的；我們可以為自己訂立的目標是本地的、臨時的，而且不是朝我們本性的完全進發，因為我們沒有甚麼要變得完全。例如：思想一下以下這個節錄自福柯（M. Foucault）《性史》（*History of Sexuality*）第二部的段落：

> 一個行動要合乎「道德」，必定不能夠被化約為配合規則、法律或價值的一個行為或一系列行為。當然，所有道德行動都涉及一種與現實的關係，那行動在那關係中實行出來。道德行動也涉及與自我的關係。後者不僅是「自覺」，而是自我形成為「倫理主體」，在這個過程中，個人界定自己哪一部分會形成自己道德實踐的目標，確定自己相對於自己會依從的規律的立場，決定採取某種存在的形式，是能夠達到自己的道德目標的。而這需要他影響自己，監督、考驗、改進和轉化自己。沒有特定的道德行動是不指向統一的道德行為；沒有道德行為不要求個人形成為倫理主體；沒有形成倫理主體而不需要「主體化的方式」和支持它們的「禁欲」或「自我的實踐」。[1]

福柯在這裏關注的不單是現代的典型關注：配合外在的規範並不保證道德的真實。它遠遠不單是作為倫理主體是關乎自我模塑。道德是自我的一種實踐，「可以稱為『倫理實質的決定』；也就是個人需要構成自己這個或那個部分，作為他道德行為的主要材料的方法」。[2]那是「個人實行在自己身上的倫理工作……嘗試轉化自己成為個人行為的倫理主體」。[3]這樣將道德貶抑為自我程式化（福柯稱之為「禁欲」）不單包含道德本體論最嚴重的縮減；也令任何道德責任變得十分困難，因為在風格背後有意志，而且是獨立、沒有目的和不純潔的意志。

讓我們也考慮紀登士（Anthony Giddens）在《現代性與自我認同》（*Modernity and Self-Identity*）中對「生命政治」（life politics）的定義：

> 生命政治假設（某程度的）解放……：脱離傳統的穩定性和階級主導的條件……生命政治主要不是關注那些釋放我們，以便作出選擇的條件：它是選擇的政治。解放性政治是一種生命機會的政治，生命政治則是一種生活方式的政治。生命政治是反射性動員的秩序的政治——晚期現代的系統——在個人和集體層面，它徹底改變了社會活動的界限。它是在反射式有序環境中自我實現的政治，在那裏反射性將自我和身體連繫到整全範圍的系統。在這個活動場所中，力量是生產性而不是等級性。生命政治是最嚴肅和豐富的意義上的生活方式政治。[4]

紀登士的用語沒有福柯那樣徹底內在，而是更公眾的。不過，背後視自我身分為圍繞選擇、風格的中心地位和本性，作為自我操控以外的一個領域，地位無關重要，則在很大程度上是相同的。除了那些在「自我反射性投射」（the reflexive project of the self）中形成的東西外，沒有本性和歷史過程。[5]

這樣解釋人的身分，根本和基督教的聖潔神學不一致。根據基督教的認信，人類生存承受的空間，是創造及復和的空間，這空間正朝最後的完美邁進。它由神創造和再創造，並由神供應的同在安排秩序，是有歷史軌迹的給定空間。在那空間和時間的領域，人類的工作是存有的工作，那些存有的自我定義不是他們自己的計劃，而是負責任的努力，真誠和忠心地活出那聖者的呼召。責任並不表示所有人類的流動性和可塑性都結束，因為我們這種受造物的特點是，我們藉著在時間中實現一份志業而發現自己的身分；我們**成為**聖潔。但那成為正是發現，而不是發明。它不是我們這一代的自我敍述，不是生命政治或自我的禁欲（美學），而是製訂一個任務：「你們要聖潔，因為我耶和華你們的神是聖潔的。」

這些關於人類生命在聖潔的歷史的領域中的肯定，似乎有十分重的傳統主義意味，因此顯得十分本質主義；而事實上，在某些方面，它們的確是這樣。那些追求非傳統化和拒絕本質的文化的人，對它們可能不大感興趣。但我們不應該忽略的是，聖潔的歷史不單是固定、一致和穩定的；它也是終末性歷史，由水禮引發，而它的本體論圍繞新的來臨而組織。是受了洗的人，而不是獻身「世俗冒險文化」的人，[6]才應該熟悉自己的死亡，並因而熟悉自己的重造。

要說服我們的文化，令它相信聖潔對它的幸福是最重要的，需要的不單是文化的歸信，也是教會不斷歸信聖潔的福音。聖潔一個十分重要的方面是**專注**（concentration）的增加：思想、意志和感情專注於聖潔的神和祂與我們一起的方式。這本書正是這種專注的嘗試。不過，促進專注不是神學的工作，而是神的工作，因而是關乎禱告的事情。加爾文在一五六三至一五六四年期間就以西結書發表了他最後的演講，在其中一次他這樣禱告：

全能的神，在祢無限的良善中，祢視我們為配得這樣的榮耀，使祢以祢獨一的子的位格降臨到地上，在祢的福音中，我們默想祢活著的形像時，這位格每天親密地向我們顯現。因此，求祢使我們不會因為無知的好奇而濫用這樣的好處，而是真正轉化為祢的榮耀，並因而在更新我們的思想和整個生命中越來越長進，以致最終我們可能聚集到那蒙祝福和永恆的榮耀中。那榮耀透過祢獨一的兒子，我們的主，為我們取得。阿們。[7]

註釋

1. M. Foucault, *The Uses of Pleasure: The History of Sexuality, Volume 2* (London: Penguin, 1992), p.28.
2. Foucault, *The Uses of Pleasure*, p.26.
3. Foucault, *The Uses of Pleasure*, p.27.
4. A. Giddens, *Modernity and Self-Identity: Self and Society in the Late Modern Age* (Stanford: Stanford University Press, 1991), p.214；比較 A. Giddens, *The Consequences of Modernity* (Cambridge: Polity Press, 1990)。
5. Giddens, *Modernity and Self-Identity*, p.231.
6. Giddens, *Modernity and Self-Identity*, p.181.
7. J. Calvin, *Ezekiel I (Chapters 1～12)* (Grand Rapids: Eerdmans, 1994), p.57.

系統神學叢書

進入聖言思想的殿堂，剖示神學的方法及基礎。

統一與多元的基督教信仰
The Mosaic of Christian Belief: Twenty Centuries of Unity & Diversity
奧爾森(Roger E. Olson)著／李金好 譯／鄧紹光 學術顧問
二千年來的基督教信仰就好像充滿統一與多元的馬賽克彩色拼圖，本書藉此鋪陳細述基督教各項教義。

聖潔神學
Holiness
約翰・韋伯斯特(John Webster)著／陳永財 譯／HK$48

科學與宗教引論
Science and Religion
麥格夫(Alister E. McGrath)著／王毅 譯／HK$88

基督教三一論淺析
The Trinity
奧爾森(Roger E. Olson)、霍爾(Christopher A. Hall)著／蔡錦圖 譯／HK$63

基督教神學淺析
Theology: The Basics
麥格夫(Alister E. McGrath)著／蔡錦圖 譯／HK$63

追尋真理的激情——融貫一致的福音信仰
A Passion for Truth: The Intellectual Coherence of Evangelicalism
麥格夫(Alister E. McGrath)著／陳家富 譯／HK$88

基督教靈修學
Christian Spirituality: An Introduction
麥格夫(Alister E. McGrath)著／趙崇明 譯／HK$98

今日基督教教義
Understanding Doctrine: Its Purpose and Relevance for Today
麥格夫(Alister E. McGrath)著／陳伯安 譯／HK$58

被釘的神——新約的獨一神論與基督論
God Crucified: Monotheism and Christology in the New Testament
包衡(Richard Bauckham)著／李樹德 譯／HK$48

靈風愛火——再思聖靈論
Flame of Love: A Theology of the Holy Spirit
潘嘉樂(Clark H. Pinnock)著／楊子江 譯／HK$88

馬丁路德神學研究
楊慶球 著／HK$63

聖經導論叢書

一套高質素的原著作品，適合華人神學院和資深信徒使用的教材！

新約歷史與宗教文化導論

黃錫木、孫寶玲、張略 合撰／HK$93

在學習聖經的過程中，一般人都只專注於經卷的內容，而忽略了「聖經背景」的重要性，甚至認為它是可有可無的。然而，若要正確理解聖經經文所傳達的內容，我們必須從它們的處境出發。要成功地進入經文的世界，對經文的歷史和文化背景的認識是不可缺少的。全書分兩大部分：歷史篇遠溯至希羅文明的源頭，並介紹「兩約之間歷史」、「新約歷史」及「猶太散居地」。至於，宗教文化篇則分別介紹「新約世界的希羅宗教」和「猶太人的基本信念與實踐」，主要論及有關的宗教文化概念與神學思想。

福音書總論與馬可福音導論

黃錫木 編著／HK$83

聖經正典與經外文獻導論

鮑維均、黃錫木 等著／HK$118

使徒行傳導論

袁天佑 著／HK$83

加拉太書導論

郭漢成 著／HK$63

啟示錄導論

吳獻章 著／HK$78

聖經研究叢書　探索與鑽研神的話語，傳承真理。

基道釋經手冊
Introduction to Biblical Interpretation
(Revised and Updated)
威廉·克萊因(William W. Klein)、克雷格·布魯姆伯格(Craig L. Blomberg)、羅伯特·哈伯德(Robert L. Hubbard, Jr.)合著／邵樟平 學術顧問／蔡錦圖 主編／HK$258

記號——耶穌的先知式和預示式行動
The Signs of a Prophet: The Prophetic Actions of Jesus
何蒙娜(Morna D. Hooker)著／郭靈飛 譯／HK$58

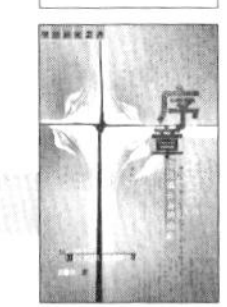

序章——開啟福音書的鑰匙
Beginnings: Keys that Open the Gospels
何蒙娜(Morna D. Hooker)著／郭靈飛 譯／HK$38

不是一個人走的路——路得記研讀(附閱讀指引)
Ruth and Naomi
愛倫·沃爾德(Ellen van Wolde)著／張淑儀 譯／HK$73

跨界福音——後現代世界裏的基督徒見證
Bible and Mission: Christian Witness in a Postmodern World
包衡(Richard Bauckham)著／李金好 譯／HK$48

啟示錄神學
The Theology of the Book of Revelation
包衡(Richard Bauckham)著／鄧紹光 譯／HK$88

政治中的聖經——從政治角度閱讀聖經的原則與範例
The Bible in Politics: How to Read the Bible Politically
包衡(Richard Bauckham)著／廖惠堂 譯／HK$83

新約研究透視
黃錫木 著／HK$128

緊扣時代 服事教會

以文字傳揚基督真道

讀者意見表

衷心多謝你購買本社書籍。本社一直致力以出版事工服事教會，幫助信徒扎根於神的話語，促進靈命增長。為使我們的出版更能滿足你的需要，請填寫下列各項資料，並寄回或傳真予本社。

所購書籍：＿＿＿＿＿＿＿＿＿＿＿＿

本書最吸引你的地方：

□作者 □適切性 □文筆 □設計 □實用性

□其他：＿＿＿＿＿＿＿＿＿＿＿＿

購買本書地點：

□基道書樓 □基督教書店 □非基督教書店

性別：□男 □女 職業：＿＿＿＿＿＿

信仰：□基督徒 □非基督徒

年齡：□16歲或以下 □17～25歲 □26～35歲

□36～55歲 □56歲或以上

學歷：□中三或以下 □中五 □預科

□大學 □研究院

□我欲更多了解基道出版社的事工及考慮支持，請寄給我下列資料：

□機構簡介 □新書資料 □基道會員通訊

□《基道文字事工通訊》

姓名：＿＿＿＿＿＿＿＿＿＿ 電話：＿＿＿＿＿＿＿＿

地址：＿＿＿＿＿＿＿＿＿＿＿＿＿＿＿＿＿＿＿＿＿

＿＿＿＿＿＿＿＿＿＿＿＿＿＿＿＿＿＿＿＿＿＿＿

傳真：＿＿＿＿＿＿＿＿ 電子郵件：＿＿＿＿＿＿＿＿

其他意見：＿＿＿＿＿＿＿＿＿＿＿＿＿＿＿＿＿＿

＿＿＿＿＿＿＿＿＿＿＿＿＿＿＿＿＿＿＿＿＿＿＿

多謝賜教！

基道出版社

意見表可以傳真（2687-0281）或直接郵寄以下地址：
香港沙田火炭坳背灣街26號富騰工業中心1011室
基道出版社編輯部收